UN MOIS

EN ALGÉRIE

PAR

M. GEORGES THOLIN

AGEN

IMPRIMERIE ET LITHOGRAPHIE DE V⁰ LAMY

1881

UN MOIS EN ALGÉRIE

UN MOIS

EN ALGÉRIE

PAR

M. GEORGES THOLIN

AGEN

IMPRIMERIE ET LITHOGRAPHIE DE Vᵉ LAMY

1881

I

PHYSIONOMIE DE L'ALGÉRIE. — MŒURS ET PAYSAGES.

La plus vaste de nos colonies est aussi la plus rapprochée des rives françaises. Cinquante mille hommes de troupes, une légion de fonctionnaires, qui l'occupent et se renouvellent incessamment, établissent entre elle et la mère-patrie, des communications nombreuses. Elle a été l'objet de publications scientifiques et littéraires, de monographies rédigées aux points de vue les plus divers. Voilà sans doute trois bonnes raisons pour que l'Algérie soit connue de tous, étudiée au même titre que nos départements de France. Cela devrait être, mais cela n'est pas. Nous avons sur l'Algérie bien des préjugés qui tiennent à l'ignorance : notre génération, en train de faire place à une autre plus instruite, n'a-t-elle pas été la victime des vieilles méthodes appliquées à l'enseignement de la géographie? Il faut ajouter aussi, comme circonstance atténuante, que les explorateurs eux-mêmes n'ont pas tout vu et tout décrit. En raison de nombreux obstacles, les richesses agricoles de l'Algérie ne sont pas convenablement exploitées; on n'en connait même pas l'étendue. Les richesses minérales ont été récemment l'objet d'investigations scientifiques, mais on commence à peine à en tirer parti. Il s'en faut d'ailleurs qu'on ait tout découvert. La houille ou des trésors dorment peut-être dans les couches profondes.

Partout l'on travaille aux chemins de fer, aux routes, aux voies de toutes sortes, et les moyens de communication restent encore, malgré tout, d'une insuffisance notoire. Comme objectif des entreprises de la grande spéculation, l'Algérie est encore à ses débuts.

Cette région, si souvent conquise et bouleversée de fond en comble, occupée de nos jours par des races si différentes, n'a pas d'histoire : ses annales anciennes et même modernes ne subsistent qu'à l'état de fragments mal liés. Depuis quelques mois seulement l Etat-Major a entrepris de dresser une grande carte de nos possessions, travail gigantesque, dont l'achèvement exigera peut-être un quart de siècle. On peut juger par le peu qui est connu de tout ce qui reste à étudier ; par tout ce qui est ébauché on peut voir tout ce qui reste à faire.

Il semble aussi que tout soit combiné pour déconcerter l'opinion. La plupart de ceux qui ont vu longuement ou rapidement l'Algérie émettent, avec exagération, les opinions les plus contradictoires, les uns doutant de l'avenir de la colonie, les autres, de plus en plus nombreux, y entrevoyant un Eldorado futur : ils rêvent une autre France riche, peuplée, étendue presque sans limites jusqu'au centre de l'Afrique, pacifiquement conquise par nos chemins de fer et par notre industrie. En attendant, la discussion reste ouverte. Ne voit-on pas revenir de là-bas des colons ruinés et découragés ? Ne voit-on pas au contraire se fixer en Algérie nombre de ceux qui comptaient au départ n'y faire qu'un séjour passager ? Ceux-ci ont subi le charme : la beauté du pays, la douceur du climat, la facilité des mœurs et la liberté des habitudes, l'assurance de faire fortune les ont retenus sans esprit de retour.

Ces deux courants se font sentir même dans la catégorie des voyageurs qui ne font que passer, de ceux qu'on appelle les touristes. Quelques-uns, profondément déçus, renoncent à donner à leur petite odyssée sur la terre d'Afrique le nom de voyage d'agrément ; s'ils préfèrent aux paysages éclatants de lumière les monuments et les musées remplis d'objets d'art, ils s'étaient assurément trompés de route ; ils n'avaient aucune raison de venir en Algérie.

Certes il faudrait une forte dose de suffisance ou de naïveté pour se faire une opinion sur toutes les grandes questions algériennes, après une excursion d'un mois à travers notre colonie. Aussi, déclaré-je à l'avance que je n'apporte aucune solution et que je ne prends aucun parti. Tout au plus puis-je dire que cette visite rapide m'a laissé plutôt optimiste que pessimiste ; mais je n'ai rien découvert, ni davantage rien approfondi. J'avais franchi la mer pour serrer la main d'un ami. Je suis allé de ci de là dans un itinéraire de caprice, en flaneur amoureux du soleil et curieux des paysages, des mœurs, des types, des costumes. Ce que je cherchais je l'ai trouvé. Je vous parlerai seulement du peu que j'ai vu moi-même ou que j'ai appris en écoutant des hommes dignes de foi. C'est de la petite monnaie.

Laissez-moi cependant vous dire tout de suite que l'on peut s'expliquer facilement les nombreuses contradictions que je signalais tout à l'heure.

Que faudrait-il penser d'un voyageur qui, après avoir traversé nos landes, de Durance à Houeillès, déclarerait que le Lot-et-Garonne est stérile et que son climat est malsain ? Il a jugé tout le département d'après le petit côté qu'il a observé, un dixième peut-être. Il s'est trompé.

Eh bien l'Algérie est plus vaste que la France et sa configuration offre la plus grande variété. Beaucoup de gens ont le tort de la juger sur une parcelle, fût-elle grande comme une de nos anciennes provinces. Je prends deux exemples que j'ai eus sous les yeux. J'ai traversé entre Batna et Lambèse, des champs fertiles ensemencés par les colons depuis cinq années. Cinq années se sont écoulées sans pluie ; cinq récoltes ont été perdues. N'est-ce pas à décourager les plus patients, à ruiner les plus riches? Naturellement la colonie de Lambèse est pauvre. Tous vous diront : ne venez pas en Algérie.

J'ai rencontré des propriétaires des environs de Bône et de Philippeville. Ils ont planté de la vigne. Dans cette région, l'hectare qui valait cent francs il y a dix ans en vaut aujourd'hui cinq cents ou ou mille ou plus encore. Leur capital est quintuplé. Et remarquez que, même en évaluant leurs terres au prix actuel, ils prétendent en retirer un revenu de 20 à 25 %. Ils sont déjà riches aujourd'hui. Ils seront très riches demain. Ils vous diront : vendez vos propriétés de France et venez en Algérie. — Ainsi, rien d'absolu. Étudiez vous-même ; profitez de l'expérience ; allez planter de la vigne à Philippeville, mais gardez-vous de semer du blé à Batna.[1]

Pour donner une idée de la diversité des terres et des paysages en Algérie, je ne saurais mieux faire que de chercher des points de comparaison dans notre pays.

---

[1] Il faut dire cependant que, dans cette région, une seule bonne récolte compense deux années perdues. Lorsque des pluies suffisantes tombent dans la saison favorable, il suffit de cinquante jours pour faire germer et mûrir le blé.

Les vastes plaines qui s'étendent entre Constantine et Sétif rappellent la Beauce, triste et fertile. Pas d'eau, pas un arbre ; des champs de blé à perte de vue.

La région comprise entre Bône, Guelma et Philippevi le est coupée de taillis toujours verts, composés de chênes lièges, d'yeuses, de caroubiers, de myrtes, de lentisques, d'oliviers sauvages et de hautes bruyères. Ceci paraît ressembler un peu au maquis de la Corse. Sur le continent, nos bois, dépourvus de feuillage en hiver, n'ont pas le même caractère.

La grande Kabilie, les régions du Tell et de l'Atlas, hérissées de pics, les uns stériles, les autres boisés, coupées par des vallées profondes, m'ont paru semblables à nos Cévennes ou mieux à cette région des contreforts des Alpes, moitié cultivée, moitié sauvage, qui s'étend du Dauphiné aux confins de la Provence.

La vallée de Bône, dans la direction de Guelma, la riche et verte Metidja, qui s'étend de la banlieue d'Alger au Djebel-Chenoua ont des traits de ressemblance avec la Limagne, avec la plantureuse vallée de la Garonne.

Entre Sétif et Bougie, les gorges du Chabet-El-Akra semblent copier les abords sauvages de la Grande-Chartreuse.

Les dernières chaines de montagnes qui touchent au désert du côté de Biskra sont complètement privées de verdure, mais le soleil les pare magnifiquement. Selon les heures du jour, selon les distances, elles apparaissent revêtues de teintes violettes, ou gris-perle, ou roses, ou même rouges. Rien à semer, rien à planter sur ces rochers vierges, pur domaine des gazelles.

Le désert, qui commence en Algérie pour se prolonger jusqu'à des latitudes inexplorées, n'a pas d'équivalent sur notre sol. Il tient le milieu entre la plaine de la Crau, non moins aride mais limitée et dépourvue d'oasis, et nos landes beaucoup plus boisées. Le sable du Sahara — on a tort de parler des sables de l'Algérie — ne ressemble pas à celui de nos dunes. Le peu que j'en ai vu se compose en somme de terre végétale. Emiettée par le soleil, cette terre livre à tous les vents ses molécules les plus légères, mais ses couches profondes, composées de grains plus lourds, peuvent acquérir sous l'action des eaux une fertilité surprenante.

Nos sources intarissables, nos rivières coulant constamment à pleins bords, voilà ce qui manque presque partout en Algérie. La

saison des pluies, les orages partiels créent des torrents bientôt à
sec, dont le lit, souvent très large, ressemble à une route abandonnée.
Presque partout des touffes de lauriers-roses bordent leurs rives.
Quelques vallées exceptionnellement fraîches sont envahies par des
fourrés impénétrables. Là vingt espèces de lianes , — clématites ,
aristoloches, chèvre-feuilles, — étroitement enchevêtrées, montent
à l'assaut des peupliers blancs et forment des pyramides d'un vert
sombre. Quelques-uns de ces massifs, d'une faible étendue, bordent
le chemin de fer de Bône à Guelma. Les plus beaux, les plus vastes
que j'aie vus s'étendent au débouché de la route du Chabet-El-Akra,
sur les bords de la mer.

Bien que le climat de l'Algérie varie beaucoup d'une province à
l'autre, la lumière, partout plus vive qu'en France, donne aux contours des paysages une netteté singulière. Dans le groupement des
montagnes, chaque plan, chaque arête se détachent par des lignes
aussi nettes que des traits de burin. On voit de très loin et tout semble rapproché ; les distances font illusion. Les vues de sommets,
trop négligées par les touristes, sont incomparables. J'ai fait l'ascension de la montagne qui domine Blidah. De ce point, un panorama
splendide se déroule sous les yeux. Un grand artiste, dont la plume
vaut le pinceau, Fromentin [1] a décrit, en maître, ces « quatre-vingts
« lieues d'air libre, » cette circonférence qui embrasse « la moitié
« de l'Algérie française. » C'est à la fois l'infini du côté de la mer, au
nord, l'infini du côté de l'Atlas et du désert, au sud. Quel charme de
contempler tout ce pays de la hauteur des nuages ! Ce fouillis de montagnes, dont les croupes s'abaissent sous le regard, semble un champ
labouré par une charrue gigantesque. Les grandes eaux , les agents
volcaniques ont creusé tour à tour et soulevé les sillons énormes ;
puis le temps a passé comme un semeur, dispersant, dans cette étendue qui écrase tout sous sa grandeur, des êtres infiniments petits ,
les frênes et les cèdres attachés au sol, les hommes et les troupeaux
nomades. Dans les replis invisibles du labyrinthe s'abrite tout un
peuple de pasteurs bibliques , de défricheurs paresseux peut-être et
vaincus par l'espace. Quelques gourbis plus rapprochés, des groupes
de tentes formant des douars, apparaissent comme un point, les

---

[1] *Une année dans le Sahel.*

champs cultivés comme des taches vertes sur le fond plus clair des pentes sans culture. On devine le travail, le mouvement, la vie qui rayonnent de ces fourmilières éparses ; mais on ne peut les saisir. Aucun bruit ne monte aux cimes. Il semble que des coulées de bronze soudent les grands rochers, et les bois, comme la pierre, sont immobiles. Ainsi se déploient dans leur éternelle beauté les cimes blanches et vertes. Par delà les vallées profondes et les sommets les plus proches, d'autres montagnes surgissent enveloppées de ces teintes bleues qui offrent toutes les variations, allant par gradation insensible, de l'azur pâle au bleu noir. L'œil ébloui veut voir plus loin. Les bornes se perdent dans le vague. C'est une grande ligne horizontale qui touche au ciel et dans laquelle disparaissent les dentelures de cette dernière chaîne qui tente vainement de cerner le désert.

Le soleil ardent, qui transforme par la couleur les paysages de l'Algérie, fait aussi végéter une flore bien différente de celle de France. Ce sont d'autres plantes et d'autres arbres, les uns semés irrégulièrement par le hasard, les autres choisis et plantés avec méthode. Ni les friches d'alfas et de palmiers nains, ni les vergers, ni les bois de l'Algérie ne ressemblent aux nôtres. Ici les aloès ou les figuiers de Barbarie forment des clôtures infranchissables, qui protègent les lignes de chemin de fer et les jardins ; leurs feuilles épaisses et luisantes, d'une solide consistance, d'une rigidité métallique, arrêtent les vents, sans presque les ressentir. Là des cyprès noirs aux formes pyramidales, des eucalyptus aux tons bleuâtres forment des lignes régulières dans les champs dépourvus de haies vives. Notre chêne commun, l'orme et plusieurs espèces de peupliers sont presque inconnus en Algérie. Le chêne vert y est au contraire fort répandu, mais il paraît s'y développer moins bien qu'en Italie, sa patrie classique. En revanche, l'olivier sauvage atteint de grandes proportions et brave les siècles comptés par dixaines. J'ai vu, non loin de Bougie, des frênes à feuilles menues, à l'écorce verte, d'une taille colossale. Certaines espèces de pins importées en Algérie semblent avoir de l'avenir. Les chênes-liége sont aussi tristes comme apparence que ceux de nos forêts de la Provence et des Landes. Leurs feuilles sont plus vertes, mais leurs branches ont peine à se dégager de leur enveloppe et s'amortissent brusquement.

Et le palmier ?

Le palmier n'existe pas plus en Algérie que les sables. C'est bien absolu dira-t-on. Il faut, en effet, en excepter le désert, qui est une Algérie absolument différente de l'autre. Dans les jardins, sur les places publiques et aux abords des villes du littoral on a planté des palmiers, dont l'entretien coûte souvent fort cher. Ces exilés du Sahara ne récompensent pas toujours par une récolte les soins assidus qu'on leur prodigue. Ils végètent un peu mieux qu'à Nice, à Cannes, à Hyères et rien de plus.

Le parc créé par M. London dans l'oasis de Biskra, le jardin d'essai de la banlieue d'Alger démontrent qu'un certain nombre de végétaux des tropiques peuvent être acclimatés en Algérie. Des lataniers aux larges palmes, des *ficus* à feuilles vertes, enchevêtrant et soudant leurs énormes tiges, des arbres aux troncs épineux, d'autres aux écorces lisses, des mimosas étendant leurs grands bras maigres dans un sens oblique, des résineux aux branches symétriques, aux formes pyramidales, des buissons touffus, des lianes chargées parfois de fleurs odorantes, des plantes aux fruits étranges, des papyrus grêles qui portent sur leurs roseaux une chevelure verte, toutes les richesses que nos serres peuvent contenir en miniature déployées largement en plein air, voilà le merveilleux spectacle qui séduit le promeneur surpris de trouver de l'ombre sous des feuillages inconnus. Ces essais si intéressants ont eu des résultats pratiques. Une sélection se fait dans ces immenses pépinières. On peut multiplier les arbres utiles qui survivent à l'épreuve. Ainsi les eucalyptus et certains conifères sont employés au reboisement de l'Algérie. Plusieurs espèces nouvelles de palmiers et d'arbustes grimpants ont franchi les clôtures du jardin d'essai pour embellir les abords des villas. L'acclimatation ou le choix des arbres fruitiers sont assurés. Le bananier est cultivé pour ses produits aux environs d'Alger et de Bougie. C'est un bel arbre ; ses feuilles, déchiquetées par le vent, forment de longs panaches ; il porte une tige chargée de régimes pareils à des groupes de fèves et terminée par une grosse fleur rouge. On classe, on choisit les meilleures espèces d'orangers et de citronniers. Les mandarines parfumées ont désormais la préférence sur les fruits sauvages ou communs. Les limons, les cédrats énormes commencent à apparaître dans les bosquets, pleins de sombre verdure, des orangeries.

Toutefois ce sont là des cultures exceptionnelles. L'oranger exige, comme le bananier et le palmier, de fréquents arrosages. On le voit bien à Blidah, où les vergers ne dépassent guère la limite des canaux d'irrigation. Au-delà, plus un arbre, des champs de blé. Cette collaboration forcée de l'eau et du soleil, se fait parfois dans les conditions les plus curieuses. Ainsi dans les parties boisées du Chabet-El-Akra, quelques ruisseaux formés par des sources intarissables, glissent dans les pentes, à travers des massifs de chênes-liège et de buissons. On a planté des orangers sur leurs rives. Ce sont des jardins encadrés par une forêt vierge.

La vigne et l'olivier, qui peuvent s'accommoder aux terres sèches, offrent des ressources autrement importantes. L'olivier sauvage, qui abonde, se greffe facilement et donne de beaux revenus. On pourrait planter en vignes, une grande partie du littoral de l'Agérie, sur une profondeur de dix lieues.

Je voudrais bien une fois par exception, parler avec la compétence et la gravité d'un propriétaire. C'est peut-être le moyen de fournir à quelque lecteur ignoré, des indications utiles. J'ai causé longuement avec des colons algériens qui cultivent la vigne, et je transmets en abrégé les renseignements qu'ils m'ont donnés. Cette digression peut passer sous le titre ambitieux de conseils à ceux qui voudraient acheter des terres en Algérie.

Si l'on n'a pas d'argent, inutile d'aller là-bas chercher fortune, à moins d'accepter la condition relativement bonne de métayer, de fermier ou de maitre-valet.

Pour obtenir une concession de terre, il faut posséder une certaine somme que l'on s'engage à dépenser en défrichements et en constructions.[1]

Bâtir et défricher, c'est un rude labeur ; de plus, c'est l'imprévu. Les avances à faire peuvent dépasser le chiffre disponible. Si l'on a recours aux emprunts, on est perdu.[2]

Je suppose que vous ayez de l'argent. Il s'agit de le placer avec avantage. Parcourez longuement le pays pour faire un bon choix. Un

---

[1] Le concessionnaire doit justifier « pour les lots de village, de ressources « jugées par lui suffisantes, et, pour les lots de fermes, d'un capital dispo- « nible, représentant 150 fr. par hectare. »

[2] Le taux légal des prêts en Algérie, est de 10 0[0. Mais il arrive souvent que le cultivateur dans la gène, ne trouve de l'argent à emprunter qu'à des conditions usuraires. J'ai entendu prononcer des jugements sévères sur

climat salubre, une terre fertile, à proximité de bonnes routes, la sécurité pour votre personne et pour vos biens : autant de conditions dont il faut s'assurer, car elles sont loin de se rencontrer partout. Vous achèterez des terrains défoncés, ou prêts à être plantés en vigne, avec bâtiment d'exploitation. Pas plus de 20 hectares, qui vous coûteront de 18 à 40,000 fr. C'est assez grand pour occuper un métayer. Cette propriété en plein rapport et bien administrée, doit vous donner un revenu de 8 à 12,000 fr. Cependant vous aurez à craindre deux fléaux : les sauterelles, dont les invasions sont rares, et le sirocco, assez fréquent, qui brûle une récolte en quelques heures.

Reste le phylloxera. Rien ne vous en garantit pour l'avenir. Sans doute on prend des précautions, on interdit l'importation en Algérie des cépages et des fruits étrangers, mais les barriques de vin sorties des chais de Cette et de Marseille, circulent partout. Quelques œufs ou quelques insectes peuvent se trouver égarés sur le bois de ces futailles et l'invasion commencera. On peut toutefois présumer que sa marche sera lente, en raison des espaces immenses qui séparent les diverses régions vinicoles

J'ai rencontré un spéculateur bien avisé qui avait su atténuer tous les risques en les divisant. Il possédait deux propriétés pareilles à celles que je viens de décrire, l'une à Bône et l'autre à Philippeville, c'est-à-dire à une distance trop grande pour que le même fléau atteigne à la fois les deux points. Il allait acheter une troisième vigne de vingt hectares dans les environs de Constantine. En tout, ses avances n'avaient pas dépassé 80,000 fr. Il comptait sur un revenu moyen de 15 à 20,000 fr., et cela en calculant au plus bas la quantité produite par hectare et le prix du vin. Il admettait qu'une de ses trois récoltes serait perdue chaque année et compensée par les deux autres. Enfin, il supposait qu'envahies à des périodes différentes par

------

l'origine de la fortune de certains juifs. Ces fortunes s'accroissent dans des proportions telles, que l'on pourrait prédire le jour où l'Algérie appartiendra aux Juifs.

Heureusement la création de la Société du Crédit Foncier Algérien est venue réduire de moitié le taux des emprunts, ce qui arrêtera, sans doute, le commerce scandaleux de l'argent et rendra les plus grands services aux pionniers de la colonisation.

le phylloxera, ses plantations seraient détruites dans dix ans et il ajoutait avec raison : « Qu'importe ! j'aurai triplé mes capitaux. »

Je n'oserais certifier absolument ces chiffres. Je puis ajouter toutefois que je les ai soumis à quelques personnes qui connaissent la région. Elles n'ont pas trouvé ces calculs exagérés. Aucune propriété et France n'offre de pareilles ressources. D'ailleurs, en Algérie même, la culture de la vigne, qui végète avec la même exubérance que dans les bonnes terres de l'Hérault, peut seule donner ces gros bénéfices. Le blé rapporte plus que dans nos pays, mais, depuis la concurrence américaine, il ne saurait assurer de grosses fortunes. L'élevage des troupeaux, le reboisement, la création de prairies, la culture de l'olivier et de l'oranger peuvent même, suivant les conditions du sol, donner des revenus plus importants que les céréales.

J'ai appris ces quelques choses pour m'instruire ; maintenant j'ai hâte d'en venir à mes fantaisies, qui ont bien aussi leur côté sérieux. Il s'agit d'études de mœurs.

On sait quelles différences profondes existent entre les arabes de la campagne et ceux qui, fixés depuis longtemps dans les villes, sont plus connus sous le nom de Maures. Le fond de la race est peut-être le même, le costume a peu changé, mais quelles différences dans les habitudes ! Les premiers vivent en plein air. S'il leur arrive d'acquérir une propriété pourvue de bâtiments d'exploitation, il est possible qu'ils logent leur bétail sous le couvert le plus confortable, puis ils dresseront devant la porte la tente ou le gourbi qui doit abriter leur famille. Ils creuseront des silos plutôt que de mettre leurs grains au grenier. Si le bois leur manque, ils attaqueront les charpentes. Les maisons bâties par les colons sont bientôt réduites à l'état de ruines quand elles passent entre les mains des Arabes.

Le second, le Maure, a pignon sur rue. La boutique étroite qui s'anime de son travail monotone ou qui le voit rêver impassible dans un demi-sommeil, c'est l'héritage de ses pères. Plusieurs générations se sont accroupies sur les mêmes dalles, sur les mêmes bancs, dans la même paresse. L'enfant prend ses ébats dans le gynécée où fut cloîtrée l'aïeule. Ses femmes, toujours voilées dans les rues, vont aux mêmes heures, chaque jour, au marché et au bain.

Les femmes de la campagne ne peuvent avoir les mêmes soins de propreté. Elles ne quittent leur asile que pour aller au travail et sans voile, tandis que leur maître et seigneur repose. Leur isolement doit être respecté, sous peine de vengeances terribles. Les deux tiers des assassinats encore si fréquents entre Arabes ont pour mobile une jalousie souvent aveugle et souvent aussi justifiée. Pour aborder un douar, il faut avoir quelque motif sérieux, être invité ou accompagné et savoir être discret dans ses regards et dans ses paroles. Un voyageur, un passant, a quelque peine à étudier les mœurs des Arabes agriculteurs ou pasteurs. Au contraire, il peut circuler sans crainte dans les vieux quartiers des villes. A certaines heures, toutes les clôtures cessent ; les ruelles sont envahies par une population d'hommes graves, de gamins magnifiquement costumés ou débraillés, de femmes silencieuses, masquées, aux pas traînants. A chaque détour, à chaque recoin, le tableau change. Le juif alerte, à l'œil observateur, coudoie le musulman flegmatique. Toute sa famille, par ci par là dispersée, allant à visage découvert, tranche par les types et les costumes sur la foule des maures. Ce n'est plus seulement l'Afrique qui vous apparaît, mais aussi l'Orient, ces pays immenses d'une antique civilisation devenue routinière, ou quatre cents millions d'hommes ont gardé à peu de chose près les vieux usages, répudiant les nouveaux, incapables de recherches, observant non moins que les préceptes de la Bible ou du Coran, ces détails minutieux de la coupe et de la couleur des habits, de la nature des tissus, de la forme des vases de cuivre et d'argile.

J'ai eu successivement l'occasion d'étudier les quartiers maures de Bône, de Constantine, de Bougie et d'Alger. Ils se ressemblent par plus d'un point ; cependant, je ne saurais les confondre dans une même description ; j'en dirai quelques mots séparément, en suivant l'ordre de mon voyage.

A Bône, j'avais la chance d'être guidé par deux jeunes gens, avec lesquels j'avais partagé les mauvaises fortunes de notre traversée. Tous deux venaient pour la seconde fois en Algérie et revoyaient avec plaisir ce pays qu'ils aiment.

Nous nous arrêtions à chaque pas dans les ruelles. Ici, la population semble plus apathique que partout ailleurs, ce qui tient sans doute au climat. Une ceinture de petites montagnes cerne le golfe et la ville de Bône. C'est un vaste écran fait pour concentrer les rayons du soleil. Les chaleurs de l'été sont accablantes ; l'habitude de la sieste amollit forcément les indigènes et même les étrangers fixés dans le pays.

Nous entrons dans un café maure. Ils sont là huit ou dix, accroupis ou couchés, immobiles comme un groupe de statues. Pas un petit doigt qui bouge, pas un pli du burnous qui tremble ; le regard même est fixe. Est-il si pénible de mouvoir sa prunelle ?

Tout cela paraît étrange ; c'est presque agaçant. A quelle distance sommes-nous donc de la fourmilière de Marseille? Sont-ce là des hommes ? Nous regardons, nous causons sans contrainte comme pour jeter un peu de trouble dans ce silence et cette immobilité. Mes compagnons me font librement, comme chez eux, une leçon sur la manière dont il faut traiter les Arabes : « Parlez-leur très sec. Tutoyez, ce sera d'ailleurs réciproque ; le *vous* n'est pas connu chez eux. Il faut leur faire entendre la voix ferme du maître. Ils se croient vos supérieurs ; vous êtes chrétien et de plus vêtu à l'européenne, c'est-à-dire d'une façon grotesque. Ils vous méprisent déjà ; vous ne valez pas un regard ; si vous étiez simplement poli, ils vous mépriseraient un peu plus. » Suivaient des considérations sur l'infériorité de la race que j'interrompis brusquement.— « Comment les traiter ainsi? Ils comprennent le français, ils nous entendent. C'est pénible. Sachons les respecter un peu plus. Pour satisfaire notre curiosité et aussi pour déguster leur café délicieux, nous envahissons un de leurs derniers asiles. Tout aussi bien nous aurions pu aller payer plus cher une mauvaise infusion de chicorée dans le café français de là-bas. Au milieu des chocs du billard et du dénombrement méthodique des points de piquet, vous auriez pu dire à votre aise tout le mal possible de ces malheureux. Ils me paraissent surtout coupables de fierté outrée et de beaucoup de paresse, deux vices qui, je ne sais pourquoi, passent pour nobles. Mais ici, chez eux.... » Un large éclat de rire de mes compagnons accueillit cette morale et ces belles protestations contre le *vœ victis*, malheureusement éternel. « Eh bien, après un mois passé en Algérie, vous saurez comment on les mène. » Ils disaient vrai. J'ai beaucoup vu rudoyer ces pauvres gens. Je ne suis pas encore convaincu ni de la charité ni de l'efficacité de cette méthode.

Tandis que nous prononcions publiquement ces sentences contradictoires, un petit homme, à l'œil vif, se souleva lentement, s'appuya sur son coude et prit gaiment la parole, sans colère, avec quelques pointes d'épigrammes et dans le plus pur français. Il nous démontra que parmi les arabes il y avait les bons et les mauvais, ce qui doit être indiscutable. « Mais, ajouta-t-il, n'est-ce pas un peu la même chose en Europe? Sans doute il y a des défauts de race, et la différence des coutumes a lieu de vous surprendre. » Et là-dessus, sans contestation, nous poursuivons un long dialogue, plein d'intérêt, sans un mot blessant.

Cependant la même immobilité continuait à pétrifier le groupe des autres consommateurs.

En sortant du café, mes compagnons me dirent : « Il faut que vous sachiez la différence qui existe entre l'arabe qui a causé avec nous et les autres qui paraissent empaillés dans leurs burnouss. Quelques variantes du costume révèlent son origine : c'est un msabis. Cette tribu fournit des trafiquants qui courent le pays, achetant et échangeant les denrées. Les autres arabes ne les aiment guère, sans doute parce qu'ils tondent la brebis de trop près. »

Eh quoi donc? Ainsi les maures n'aiment personne : ils détestent le juif qui habite à leur porte, le roumi, qui envahit et transforme leurs villes ; ils ont peine à souffrir le msabis qui fait leurs affaires et l'arabe des campagnes qui les nourrit. Avoir tant de fiel et si bien dormir ! N'ont-ils rien oublié depuis cinquante ans? Apprendront-ils quelque chose dans les cinquante ans à venir? Par quelle génération finira le sommeil séculaire? Dès mes premiers pas en Algérie, vingt problèmes se présentaient à mon esprit ; et les mêmes spectacles se sont renouvelés durant un mois sans que j'en aie trouvé les solutions. Je puis seulement répéter ces belles strophes, dans lesquelles le poète a su renfermer à la fois un tableau vrai et une leçon philosophique.

> Lecteur, si tu t'en vas jamais en Terre sainte,
> Regarde sous tes pieds : tu verras des heureux ;
> Ce sont de vieux fumeurs, qui dorment dans l'enceinte
> Où s'élevait jadis la cité des Hébreux.
> Ces gens-là savent seuls vivre et mourir sans plainte :
> Ce sont des mendiants qu'on prendrait pour des dieux.
>
> Ils parlent rarement, — ils sont assis par terre,
> Nus ou déguenillés, le front sur une pierre,
> N'ayant ni sou ni poche et ne pensant à rien.
> Ne les réveille pas : ils t'appelleraient chien.
> Ne les écrase pas : ils te laisseraient faire.
> Ne les méprise pas : car ils te valent bien.

Les boutiques des barbiers éveillaient notre curiosité. Elles se ressemblent toutes, comme personnel et comme décors. Toujours des arabes accroupis, attendant leur tour patiemment, s'il le faut plusieurs heures. Au lieu des fusées pétillantes de Figaro, le silence.

L'opérateur, armé d'un rasoir emmanché et pointu comme un poignard, promène lentement sa lame sur la nuque et sur le front du patient qui n'aura plus qu'une simple couronne de cheveux. Autour de la salle, des nattes peintes et de singuliers petits tableaux où sont représentés des arbres, des lions, des panthères, des autruches ; jamais une figure humaine. Le dessin est naïf, et des tons bruns ou verts ou jaunes, uniformes comme une couche de lavis, en remplissent les contours. Cet ensemble est assez harmonieux et la décoration se complète par l'enseigne et par des inscriptions tracées dans cet alphabet arabe, dont les combinaisons au hasard du texte, forment toujours les ornements les plus capricieux.

Dans les carrefours, les enfants jouent. On remarque les petites juives aux cheveux noirs, aux yeux noirs, aux joues pleines, aux bras potelés. Elles ont pour tout costume, une robe flottante de couleur rouge ou violette, semée de ramages. Ces étoffes fort belles, que l'on retrouve partout en Algérie, seraient, m'a-t-on dit, d'origine tunisienne. Je crois plutôt que les contrefaçons françaises remplissent les boutiques des marchands.

Les passants et les hôtes de la rue ne fixaient pas moins notre attention : des pauvres, superbes sous leurs haillons, de beaux vieillards, des jeunes gens pâles, aux traits efféminés, des paysans aux allures plus vives, au teint bronzé. « Voyez donc, un Guillaumet ! » s'écrie tout à coup un de mes compagnons enthousiasmé. A cette évocation, vous devinez un peintre. C'est M. Z....., un véritable artiste, qui va justement sur la trace de Guillaumet, chercher des sujets de tableaux et des modèles dans le désert. Et nous voilà, toisant du regard un arabe géant, debout, à quatre pas de nous. Nous faisons le tour du sujet, qui ne bronche pas : tout au contraire, il paraît satisfait de cette inspection indiscrète et minutieuse. D'un grand geste du bras droit, il rejette sur l'épaule gauche, le pan le plus large de son burnouss. Il se drape comme pour la parade ; le voilà bien au point, de pied en cap : de larges yeux noirs, un large front, un nez aquilin, des saillies osseuses donnent à cette figure, un grand caractère ; les muscles se modèlent admirablement et les tendons se détachent sur sa jambe nue. Il s'éloigne ; sa démarche est souple et rhythmée ; la laine un peu usée de son vêtement accuse mieux ses formes et retombe à plis plus nombreux : déchiqueté p r le bas, ce manteau est bordé de franges irrégulières, du meilleur effet.

On ne saurait trouver de plus beau costume que celui de l'arabe. Il rappelle la toge que portaient les Grecs et les Romains, avec des remaniements, avec quelques additions heureuses. Par exemple, les anciens n'ont pas eu de coiffure comparable au turban, cette ample couronne que relient aux épaules des étoffes qui couvrent la nuque et encadrent la tête. Pour juger d'un vêtement d'homme, il faut l'appliquer à la statuaire. Nos habits français ne résistent pas à cette épreuve, tant ils rendent le bronze et le marbre ridicules. Au contraire, le premier arabe venu fournit un modèle admirable pour un sculpteur. Ils ont d'ailleurs vingt façons de plier, de tourner, d'agrafer et de draper leurs burnouss. J'ai eu le plaisir d'étudier ces détails avec M. Z..... qui, à la suite de son premier voyage, avait rapporté à Paris tout un vestiaire algérien pour en vêtir ses modèles. Il s'était trouvé fort embarrassé pour donner de la variété dans le port, de l'élégance dans les détails à ces draperies dont les arabes connaissent si bien toutes les ressources. Il risquait de créer dans l'atelier des types faux. Bien averti par cette expérience, il se proposait d'exécuter cette fois toute une série de croquis pour traduire les diverses façons de porter ces grandes pièces d'étoffes blanches.

Mis en goût par ces études si intéressantes, je n'avais rien de plus pressé en abordant une ville que de courir aux quartiers arabes. A Constantine, j'ai passé peu de temps à sonder du regard le ravin qui défend cette immense forteresse. A peine ai-je entrevu, des hauteurs, les vallées fraîches à demi-boisées au-dessus desquelles surplombent les rochers et les casernes. Tout un réseau de vieilles rues m'attirait. Vues de loin, leurs maisons ont presque une physionomie française : des toits en pente, couverts de tuiles, accusent la ressemblance. Les terrasses à la mode orientale sont rares, sans doute parce que le climat est moins chaud que sur le littoral, en raison de l'altitude. Mais pénétrez dans ce dédale, et les surprises succèderont aux surprises : les petites boutiques de marchands tapissées de produits variés, ouvertes sur toute la façade, qui n'est pas large ; des rues étroites comme des couloirs, à demi-privées de jour par les encorbellements des étages ; des passages voûtés à la façon des cloîtres, ou des galeries jetées comme un pont du côté droit au côté gauche ; des angles où le chemin paraît finir, pour se prolonger sous une

poterne ; des industries installées comme dans un repaire, plus bas
que le sol, sous des voûtes portées par des piliers massifs, avec des
arcades que l'on franchit en rampant ; la voix d'un chanteur invisi-
ble, qui vous parvient unie à l'accompagnement grêle d'un instrument
à cordes ; ce sont les syllabes scandées d'un récitatif, plus souvent
un refrain monotone cent fois répété, plus triste que celui d'une
chanson bretonne ; des quartiers silencieux où défilent et se croisent des ombres blanches ; des quartiers bruyants où les Ouled-Nails,
tatouées d'étoiles bleues, font miroiter au travers des grilles leurs
boucles d'oreille monstrueuses, leurs ceintures d'argent massif et
leurs costumes aux couleurs éclatantes ; parfois une large porte, dont
vous admirez les pieds-droits ornés de rosaces, le heurtoir en forme
de lyre, les clous de bronze à grosse tête ronde, et qui, tout à coup,
s'ouvre furtivement et se referme derrière le maître jaloux ; des
restaurants ouverts en plein air, qui offrent à la sobriété de leurs
clients un régal douteux, toujours le même, des crêpes épaisses frites
dans des bassins où reluisent des carreaux de faïence ; chaque industrie localisée dans une rue : ici les forges où l'on soude le cuivre
et tout à côté la petite enclume sur laquelle on frappe sans modèle,
avec une tête de clou, de merveilleux repoussés ; là des échoppes
où, les jambes croisées, toute une famille, du grand-père au petit-fils,
découpe, coud et brode avec patience le cuir parfumé des babouches
et les harnais de pourpre et d'or ; puis les marchés où l'on vend à la
fois la feuille de henné qui sert à teindre les ongles, le piment, dont
les fruits, suspendus à des cordes, forment des guirlandes rouges, le
sel, qui est la friandise des arabes, et le café blond et odorant, pilé
le jour même en poussière impalpable ; le bureau de tabac aux arcatures découpées, où l'on achète à vil prix les produits les plus déli-
cats de l'Orient et de la Havane : voilà l'énumération bien incomplète
des tableaux qui s'offrent à vos regards, avec les variantes infinies
qui tiennent aux types et aux costumes variés des indigènes, à l'architecture originale des maisons. Ainsi, la faïence sert à la décoration des riches habitations : elle s'applique aux dallages, aux escaliers,
ou forme des litres régulières à la surface des couloirs Parfois aussi
des fresques naïves décorent l'intérieur d'un café. Ces empreintes de
mains noires, appliquées près de l'entrée, c'est pour détourner le
mauvais œil. Quelques portes ont des tympans sous des arcades en
fer à cheval. Les colonnettes, dont les chapitaux décorés d'un rang
de grosses feuilles rappellent nos types romans, sont fréquemment
employées comme supports dans les galeries. Les murs extérieurs des

maisons, passés au lait de chaux, sont d'une blancheur éclatante. Dans les cours intérieures bordées d'arcades, il n'est pas rare que le badigeon soit d'un bleu tendre ou d'un jaune pâle. Ces teintes sont discrètes et douces à l'œil ; elles font valoir les couleurs rouges des robes des femmes : on en peut juger par les maisons juives, souvent accessibles. Ne craignez pas d'avoir parfois l'indiscrétion permise aux touristes. La porte est grande ouverte, entrez, faites quatre pas sur les faïences du couloir. Si toute la famille est groupée dans la cour, à l'ombre, près du bassin d'eau vive, vous avez sous les yeux mieux qu'un tableau de Decamps, de Delacroix, d'Henry Regnaud, de Fromentin, car le peintre le plus habile ne peut arrêter sur sa toile tout ce qui déborde de lumière. La vie aussi, faite de mouvement, lui échappe. Il ne peut fixer qu'une attitude. Le plein relief ne peut être accusé par tous les artifices de son pinceau et combien de fois les couleurs fausses de sa palette trahissent les modèles !

Le Musée de peinture, ici, est en plein soleil. Que voulez-vous de plus ? Allez au hasard, à travers les quartiers juifs et les quartiers maures, sachez regarder et vous avouerez que, pour les flâneurs, le temps passe vite.

J'arrivai à Bougie dans la soirée qui précédait le dimanche du carnaval. Toute la ville était en rumeur. Après l'inspection rapide des rues arabes, le quartier européen m'offrit les meilleures distractions. Des juifs y circulaient parés de leurs habits les plus riches. En parcourant, après dîner, la rue principale, j'étais quelque peu surpris de voir sortir de toutes les maisons des jeunes filles aux cheveux dénoués, en simple peignoir, qui littéralement couraient s'engouffrer dans la même boutique. Cet étrange sans façon avait de quoi m'intriguer. Un brave français, fixé dans cette ville depuis quinze ans et capable d'appeler tous ses habitants par leur nom en contant leur histoire, me renseigna le mieux du monde sur cette fantazia. On donnait un bal officiel, le premier et le dernier de la saison. Toutes ces élégantes, qui allaient bientôt y figurer en toilettes parisiennes, en étaient alors au moment critique de la coiffure. Le seul artiste qui eût leur confiance était loin de suffire à sa tâche et, comme le temps pressait, on montait à l'assaut des chignons et des papillotes. Plus tard, je vis passer une petite fille, très joliment attifée, accompagnée d'un tout petit garçon. « Celle-ci, cependant, ne va pas au bal? » — « Vous vous trompez, répond mon cicerone; cette petite, d'une excellente famille, n'a pas encore douze ans et son frère, qui tout seul la chaperonne, en a sept. C'est leur début dans le monde. L'une dansera et l'autre jouera son rôle de vieille maman ou de tapisserie. Cela vous surprend. Notre colonie européenne se compose de Maltais, d'Italiens, d'Espagnols autant que de Français. Chacun y garde ses coutumes. Or, vous n'ignorez pas que notre pays est le seul au monde où les mères se croient obligées de ne pas perdre leurs filles de vue une seule minute vingt ans durant. L'éducation des filles se fait ici plus librement, un peu comme en Allemagne, comme aux États-Unis, comme en Angleterre, comme partout. Ce système, croyez-le, a ses avantages. Il forme les caractères. Ainsi le bal de ce soir n'offrira pas un de ces assemblages de poupées, qui semblent toutes taillées dans le même bois blanc et mues par les mêmes ressorts. Les rapports entre les jeunes gens, faciles et tempérés par le respect, aboutissent à d'excellents mariages. Les chances de gagner à une loterie ne sont-elles pas plus grandes lorsqu'on choisit tout simplement son lot en connaissance de cause au lieu de tirer un numéro au hasard, un bandeau sur les yeux' » — « C'est fort beau, mais le même système n'a-t-il pas aussi ses inconvénients? » — « Il est vrai que... » L'heure de s'embarquer était venue. C'était vraiment dommage. J'ai quitté cette bonne ville de Bougie sur des réflexions de morale comparative, sans éléments suffisants pour balancer le *pour* d'un usage universel et le *contre* d'une coutume française. Ceci, d'ailleurs, importe peu. Je devine, qu'en une matière aussi grave, tous mes lecteurs, si Dieu m'en donne, sauront conclure avec sagesse.

Le lendemain, le soleil se levait sur Alger quand nous entrions au port. Ce panorama merveilleux a été trop souvent décrit pour que j'essaye de le peindre à mon tour. Je l'ai trouvé bien au-dessus de tout ce que j'attendais, en sorte que, prévenu ou blasé, on n'en reste pas moins sous le charme. Pour qui n'a pas vu Constantinople, je crois que Naples seul peut supporter la comparaison. Je lui préfère Alger.

Tout le quartier maure, qui couronne la ville de son vaste triangle, est d'une blancheur éblouissante. Quel amour ces méridionaux ont pour le soleil! Sous leur beau ciel, la lumière est déjà si vive qu'elle fatigue les yeux et il leur faut encore des reflets plus éclatants, quelque chose qui aveugle. C'est pourquoi leurs mosquées et leurs maisons, sont plus blanches que le marbre. Le pisé vulgaire, les appareils négligés des murs disparaissent sous le badigeon, comme sous un manteau sans tache et sans couture. Le plus grand édifice comme la plus humble masure semble taillé dans un seul bloc ; et, de toute manière, ce revêtement prête à l'illusion. Les étages des maisons ne sont pas indiqués par des cordons de moulures, mais les terrasses forment de belles lignes horizontales. Les encorbellements. multipliés à plaisir, rapprochent les voisins face à face, par-dessus la tête des passants. De simples barres de bois , jetées obliquement du mur aux chevrons qui débordent, étayent ces colombages. Tout cela est primitif, bien fait pour les fenêtres curieuses aux grilles bombées, moins bien pour les hôtes de la rue qui ne voient plus du ciel qu'un étroit ruban.

Comme à Constantine, les ruelles s'enchevêtrent, pleines de cachettes, d'angles et de portes dérobées. Le quartier juif, d'un caractère différent, est séparé du quartier maure. Cet éloignement assure la paix entre les vieux ennemis.

Aux marchés et sur les places publiques, vous pouvez coudoyer toute cette population hétérogène qui donne à Alger, une physionomie si curieuse. Tous les types, tous les costumes du nord de l'Afrique, se rencontrent dans ce vaste caravansérail. La nationalité des européens du Sud est moins tranchée, à cause de l'adoption des modes françaises.

La Cour d'appel, le gouverneur, l'archevêque, le musée sont installés dans les plus beaux des anciens palais maures. On y retrouve partout une cour intérieure avec ses deux étages d'arcades en fer à cheval, ornés de faïences. Toutefois ces monuments ne m'ont point fait oublier le palais d'Hadj-Ahmed, à Constantine, qui a plus d'ampleur, qui renferme trois cours ou jardins, bordés de galeries, et qui est décoré avec un goût parfait de faïences italiennes et de fresques.

Les maisons de campagne de la banlieue d'Alger ont les mêmes caractères que celles des vieux quartiers arabes. La pureté de leurs lignes ressort mieux par l'effet de leur isolement et la blancheur de leur mur fait un charmant contraste sur des fonds de verdure sombre.

Les mosquées des principales villes que j'ai visitées, sont loin d'avoir le caractère monumental de nos grandes églises. Elles sont généralement basses et dépourvues de voûtes. Leurs nefs, d'une largeur égale entre elles, peuvent être multipliées indéfiniment jusqu'à former des plans presque carrés. Les colonnes qui les divisent sont d'un grand effet et laissent partout circuler le regard. Les arcatures en fer à cheval, souvent découpées par des redents mais sans retraites, se présentent sous tous les angles, sous tous les profils, selon le point où l'on se place. Ainsi, malgré l'uniformité de la construction, les effets produits sont variés. Le mobilier de ces édifices est très simple, Les lampes de bronze suspendues en grand nombre, de riches tapis sous les pieds, des chaires et des niches ornées de ces découpures plates aux dessins tourmentés qui constituent les arabesques : voilà tout l'inventaire. Pas d'autels. A l'extérieur, les piscines, où les croyants font leurs ablutions, les galeries, les minarets et les dômes offrent parfois des motifs d'une architecture délicate.

II

LE DÉSERT.

Une excursion dans le désert est le complément de tout voyage en Algérie. On a le choix entre deux chemins, pour aller jusqu'au Sahara ; l'un au sud d'Alger, mène à Laghouat ; l'autre, au sud de Constantine, aboutit à Biskra. D'après le témoignage des explorateurs et des artistes qui ont étudié ces pays et peuvent comparer, le caractère de ces deux grandes oasis est à peu près le même. Il faut moins de temps pour parcourir le second itinéraire, qui sera prochainement simplifié par l'établissement du chemin de fer de Constantine à Batna. En attendant, on fait encore ce trajet en diligence.

Il s'en faut de beaucoup que la beauté des paysages compense toujours les fatigues que l'on éprouve à rouler au milieu de nuées de poussière, sous un ciel brûlant, cahoté, pressé de toutes parts par les gens ou par les colis. Pas de plaisir sans peine. Quelques désespérés s'arrêtent à moitié chemin, sans même avoir bien vu les aspects tout nouveaux d'une région qui prépare au désert.

A dix ou douze lieues de Constantine, les champs de blé, d'une végétation monotone, deviennent rares. La route passe auprès de quelques chots, lacs ou bassins de sable fangeux, dont la surface unie et stérile a des reflets de nacre. Pareilles à des touffes de fleurs blanches, des efflorescences salines en brodent les contours. Rien de vert dans l'encadrement des plaines et des montagnes, depuis le premier plan jusqu'au dernier. Cette aridité chaude et lumineuse éblouit et tout à la fois attriste, car la vie manque, et, parfois, si loin que s'étende le regard, on n'aperçoit ni le profil d'un arbre ni le mouvement d'un être animé. Les alentours des masures que l'on rencontre de loin en loin, n'ont rien de l'éclat des oasis. Pour établir sa demeure dans ces régions désolées, l'homme a violenté la nature. A défaut de ces sources vives, où les dattiers aiment à boire, il a creusé péniblement des puits, qui valent un trésor. La vie de ses troupeaux est énigmatique, tant est rare le moindre brin d'herbe.

Quelques rencontres de hasard vous apprennent que ce pays, sans villes et sans douars, n'est qu'une grande route. De petites troupes de chameliers suivent à grands pas les allures de leurs bêtes, écrasées par des charges qui les font paraître monstrueuses. Le fracas de nos attelages semble leur déplaire. Souvent hommes et bêtes marchent parallèlement à la route, sur la terre stérile, et l'Arabe nomade n'accorde pas un regard aux étrangers qui passent.

Nous avions atteint, à la fin du jour, le dernier relai qui précède Batna. C'est un point culminant. A cette heure, notre lassitude fut presque oubliée. Un merveilleux coucher de soleil transformait l'horison vide : le rouge sanguinolent et l'or des nuages se fondaient dans un brasier ; la terre semblait recevoir et renvoyer les reffets d'un immense incendie. Tout flamboyait, pour s'éteindre bientôt. Un tel spectacle est assez rare dans ces régions, où, d'ordinaire, le soleil se lève, voyage et disparaît dans un ciel d'une immuable sérénité.

L'origine de Batna est toute récente et toute militaire. Les tentes ou les baraques alignées d'un camp français sont devenues des maisons, les unes pauvres les autres assez confortables. La population s'est accrue, protégée par de vastes casernes. C'est assez uniforme. Rien à voir. Je n'ai gardé de cette étape qu'un souvenir, celui d'une noce juive, qui défilait avec un singulier étalage de costumes brillants et de bijoux d'or.

Batna fut d'abord appelée *La nouvelle Lambèse.* Ce nom était lourd à porter. Batna n'est qu'une parvenue bien jeune et court-vêtue et Lambèse fut une reine.

Ses ruines, à deux heures de marche, appellent la visite de tous ceux que l'histoire ne laisse pas indifférents. L'histoire ne devrait-elle pas être la grande maîtresse d'école de l'humani é? mais le nombre est petit de ceux qui profitent de ses leçons; les simples curieux composent la foule.

Les Romains nous ont donné à Lambèse, comme partout, un exemple, que nous avons le tort de ne pas toujours suivre. Dans les maisons, dans les rues, dans les jardins, dans la campagne l'eau ruisselait. Sur une terre rendue fertile, la colonie devait prospérer. Tout au contraire, sommes-nous bien sûrs de n'avoir jamais imité l'étourderie célèbre de Louis XIV? On bâtit Versailles, puis on s'aperçoit qu'il faut inventer la machine de Marly. De même, trop souvent nous avons jeté en Algérie les fondations de villes nouvelles, puis on a reconnu trop tard que l'eau était insuffisante. Les Romains choisissaient mieux leurs emplacements; ils bâtissaient d'abord les aqueducs, et d'elles-mêmes on voyait les maisons surgir du sol et se grouper autour des courants d'eau vive.

A Lambèse, tous ces ouvrages qui détournaient et canalisaient les torrents et les sources des monts Aurès sont rompus. Le faubourg, qui anime d'un peu de vie un petit côté de l'enceinte, a soif, toujours soif. On évalue à cent mille habitants la population de la ville antique; notre bourgade en a sept cents.

L'aspect de Lambèse est profondément triste. Sur une vaste étendue, des pierres posées debout en délit, semblables à des bornes, jalonnent vaguement les rues, les riches habitations de la cité et les villas de la campagne. Les fouilles, opérées sur des surfaces relativement insignifiantes, mettent à nu le pavage des routes et le rez-de-chaussée des maisons. Mais rien ne peut faire juger de l'élévation des monuments et, d'aucune façon, Lambèse ne saurait être comparée à Pompéi. On a peine à s'expliquer la chute de quelques édifices bâtis en grand appareil. Des portions du rempart, le *pretorium*, le château d'eau, les portes, quelques débris des temples restent comme des témoins de la grandeur et de la richesse de la ville morte. Ces ruines sont décorées sobrement de colonnes et de frontons d'un grand style. Leur armature, en gros blocs d'une pierre naturellement grise, a reçu du temps une parure superbe : le soleil semble l'avoir vêtue et comme imprégnée d'une patine rouge.[1]

J'ai résolu de ne pas abuser des descriptions archéologiques. Je rappelle simplement que Lambèse est un des plus riches gisements d'inscriptions romaines. Les textes épigraphiques retrouvés dans ses ruines dépassent le chiffre de quinze cents.

Les procédés de construction les plus usités à Lambèse ne sont pas toujours conformes aux pratiques ordinaires. Dans un certain nombre de grands édifices, les murs se composent simplement de deux rangs de pierres juxtaposées et, quelquefois, ce qui est étrange, mal reliées entre elles. Ces assises en grand appareil forment, l'une le parement extérieur, et l'autre le parement intérieur.[2] Les édifices bâtis en blocage sont rares.

Dans le voisinage de Batna, de hautes montagnes boisées de cèdres, des taillis formés d'arbustes verts égayent un peu et reposent les regards. Puis, des pays stériles et déserts se succèdent d'étapes en étapes. Après quelques heures de montées et de descentes, on pénètre dans le bassin Saharien. Des ravins profonds, creusés par les torrents, bordent la route. Rien d'horrible comme le *Col des Juifs*, pareil au cratère d'un volcan.

---

[1] Ce phénomène est singulier. Dans notre Provence, en Italie, on voit plus souvent la surface des monuments antiques colorée d'une teinte grise tirant sur le jaune. C'est comme un vernis mat qui ne tient pas à des végétations de lichens mais à une transformation de la pierre. J'ignore quelle explication la science donne de cet effet.

A Lambèse le contraste est frappant entre les assises grises mises au jour dans les fouilles et les assises rouges exposées à l'air de tous temps. Ces matériaux proviennent cependant des mêmes carrières. Les uns semblent avoir retenu quelque chose des ardeurs du soleil auxquelles ils furent exposés, et les autres ne se sont point modifiés dans l'ombre d'où on les a extraites.

[2] Dans les substructions on reconnaît la trace de divers outils employés à ravaler la pierre, qui devaient être analogues à ceux dont nous nous servons. La taille des pierres telle qu'on la pratiquait autrefois en Italie et chez nous, au moyen-âge, a laissé des empreintes d'une nature différente.

Au delà de cette côte, une chaîne de montagnes semble barrer la route. Elle a pour ossature des roches calcaires aux assises obliques, dont les crêtes sont dentelées comme une scie. Elle est aride et de couleur fauve. Nul sentier ne monte à l'assaut de ces pentes abruptes. On dirait un cirque, dont la courbe est immense et l'issue en arrière sur le chemin parcouru. En avant, tout semble fermé, lorsque un brusque contour démasque tout à coup une brèche. On se rapproche, et cette fissure s'élargit, se creuse, s'abaisse jusqu'au niveau de l'Oued, que la route a longtemps côtoyé et souvent franchi.

C'est la porte du désert, la porte d'or, El-Kantara.

Deux ou trois maisons bâties à la française occupent le bas-fond. J'étais arrivé. A peine assuré d'une chambre à l'hôtel Bertrand, je veux courir à l'oasis. En ce moment, personne pour m'accompagner. Le soleil est ardent et le chemin poudreux. Au dessous, l'eau de l'Oued, retenue par un petit barrage et devenue profonde, fait une tache bleue. Le canal élevé qui lui sert d'écoulement baigne là-bas vingt mille palmiers. J'ai hâte de voir un peu de vert, tant les reflets de la lumière qui frappent les rochers m'éblouissent. Enfin, cette gorge est franchie ; je m'arrête stupéfait devant un merveilleux changement de décors. Superposées par grands panaches, enchevêtrées au hasard, les palmes ondulent et se mêlent comme un fouillis de hâchures dans une eau forte vigoureuse. Les jardins coudoient les jardins et leur ensemble forme une forêt, qui cache les sentiers et les maisons. Ce bois décrit des courbes : beaucoup plus long que large, il serpente comme la rivière. Ses limites sont tracées avec une singulière rectitude : pas un brin d'herbe à l'entour ; mais partout où glisse un filet d'eau, les dattiers s'élèvent et, sous leur abri, végètent des champs d'orge, des grenadiers, des figuiers, des orangers, unis à des arbres de nos climats, tels que l'abricotier, à des arbustes aux larges fleurs roses, qui rappellent les vergers de la Normandie. Par intervalles, des murs en pisé bordent les massifs. Le temps a détruit leurs arêtes vives, creusé leurs couches agglomérées et découpé leur profil. Ce sont des ruines, mais qui n'évoquent aucune idée pénible. Ces tourelles carrées, ces remparts de terre, qui semblent avoir été construits pour parer des coups de fronde, prennent insensiblement le niveau du sol où les palmiers croisent leurs racines. L'oasis laisse au rebut cette vieille armure inutile et inoffensive, car elle est riche, paresseuse,[1] et s'endort dans la sécurité que lui assure désormais l'occupation française.

En longeant ces bosquets d'un nouvel Éden, je n'entendais que le bruit de mes pas. Parfois je m'arrêtais émerveillé, prêt à m'asseoir à la mode arabe pour regarder, pour goûter à la fois l'ombre, le soleil et la solitude et laisser fuir les heures. Cette fantaisie fut courte. J'avais un but, un rendez-vous qui datait déjà de vingt jours. Je devais rejoindre mon premier compagnon de voyage, M. Z..., qui était devenu l'hôte du cheikh. Alors seulement je songeai aux difficultés de mon entreprise. Dans toute l'oasis, on ne saurait rencontrer un seul européen et les indigènes ne connaissent pas notre langue. En avant! au hasard. Je m'engage dans un labyrinthe de sentiers étroits, qui courent entre des clôtures basses et limitent et divisent la propriété à l'infini. Cependant aucune maison n'apparait et, sans rencontrer personne, j'arrive jusqu'au lit de la rivière, presque à sec et qui peut passer pour une grande rue. Le spectacle est splendide : les berges élevées forment un piédestal naturel aux palmiers qui se penchent sur les deux rives; en arrière se dresse la montagne toute rouge , entre la zone verte des arbres et la zone bleue du ciel. Voilà bien l'Afrique! Les paysages du littoral algérien peuvent ressembler à ceux de l'Espagne, de l'Italie, de la Provence même. Le Sahara, qui commence là, ne peut être comparé qu'à lui-même ou plutôt il reproduit le type de cette immense région qui s'étend, sous des noms divers, des bords de la mer Rouge au Sénégal. Un grand artiste, que j'ai déjà cité, Fromentin, qui a si bien décrit Laghouat, a résumé toutes ses impressions sur le Sahara en ces deux mots, deux exclamations : C'est l'été! Le plus beau pays du monde !

---

[1] Cette paresse est à peu près obligatoire. La cueillette des dattes dure quelques jours et c'est tout. En cet heureux pays, celui qui possède quelques palmiers ne travaille pas plus que le lys de la vallée. Les irrigations sont réparties de telle sorte que chacun en bénéficie au moins un jour sur huit. Il est si facile d'ouvrir et de refermer cinquante fois par an la rigole qui fait le tour d'un jardin. Le soleil et l'eau, ces deux grands ouvriers, travaillant de concert, font le reste. La récolte des dattes ne coûte pas de peine et aucune autre ne saurait lui être comparée comme poids et comme valeur.

En suivant les contours de l'Oued, j'aperçus à une faible distance une jeune femme. Son profil était assez pur, son teint aussi blanc que celui d'une européenne. Elle était vêtue d'une robe d'un rouge vif, à grands plis, à peine retenue par une agrafe et par une ceinture lâche. Sa coiffure multicolore se composait d'une sorte de foulard froissé. Des boucles d'oreille d'argent, rondes et larges comme un bracelet, dessinaient leurs contours à la fois sur la nuque et sur les joues. Placée au centre d'une flaque d'eau, cette femme laissait voir une jambe nue et trépignait sur place avec une grande animation. Je m'expliquais mal cette façon inédite de prendre un bain de pieds et je perdis toute envie d'approfondir le mystère à la vue d'un arabe accroupi vingt pas plus loin. Je ne tentai pas d'aborder l'un ou l'autre de ces personnages et, gravissant la berge, je suivis les sentiers de la rive droite.

Quelques maisons étaient en vue. Un premier arabe ne réussit pas à comprendre mes questions. Même résultat pour une seconde tentative. Un troisième, auquel je me contentai de dire le substantif cheikh, devina et me fit signe de le suivre.

Le gouverneur d'El-Kantara était assis dans un café au milieu de huit ou dix de ses administrés qui sont aussi ses justiciables et ses contribuables. Les cheikhs ont des pouvoirs étendus. Celui-ci, qui appartient à une vieille noblesse, rappelle à la fois les patriarches de la Judée et nos grands seigneurs du Moyen-Age. Sur son passage, je voyais les arabes, ces hommes si fiers, s'incliner, mais toujours avec dignité. L'arabe, qui a toutes les ruses du sauvage, peut avoir aussi celles du courtisan ; du moins, il sauve les apparences.

Le cheikh d'El-Kantara est un homme de haute taille, entre deux âges. Quelques rides sillonnent sa figure virile, que dépare une infirmité : il est borgne.

Je saluai, il rendit le salut et je fis ma requête. Pas d'autre réponse qu'un bonjour bienveillant et de l'arabe incompréhensible. Mon embarras devenait grand. A plusieurs reprises je prononçai le nom de son hôte. Il m'indiqua d'un geste la direction et prit les devants. Je fus très étonné lorsque, après avoir côtoyé des jardins et traversé de longues ruelles aux maisons fermées, il s'arrêta devant une porte, l'ouvrit et m'introduisit dans son intérieur. Deux de ses femmes étaient là, l'une accroupie auprès d'un métier à tisser, un simple chassis quadrangulaire posé verticalement. Les fils de la chaîne y sont rattachés et tendus comme les cordes d'une harpe ; d'une main agile, la Pénélope mauresque croisait la navette et promenait la trame dans ce réseau. Une autre femme préparait le repas. Dans le doute, j'hésitais à saluer, à m'arrêter et, pensant qu'il valait mieux user avec respect d'une hospitalité imprévue et si peu dans les mœurs arabes, je passai rapidement les yeux à demi baissés et me hâtai de franchir une seconde porte qui donnait sur le jardin. Mon ami Z..., le binocle sur l'œil, en veston de laine blanche et fine — une étoffe qui intriguait singulièrement la tisseuse de burnous — coiffé d'un casque d'aloès, fabriqué à Calcutta, installé comme chez lui, tourmentait sa palette où débordaient les couleurs vives. Une jeune fille de douze ans, un fort joli modèle, posait. Et bien vite nous échangeons, M. Z... et moi, une poignée de main et toute une série de joyeuses exclamations, de questions rapides et de brèves réponses.

Cependant le cheikh nous faisait servir des dattes délicieuses, molles et sucrées, qui avaient mûri sur les palmiers qui nous donnaient leur ombre. Puis il s'éloigna jusqu'à l'angle de son jardin, où la terre était battue comme une aire préparée pour dépiquer le blé. Tourné vers l'Orient, il se prosterna trois fois dans les intervalles d'une prière.

Ainsi, j'ai vu souvent s'agenouiller les arabes, au seuil de leurs maisons, sur les routes même, aussi bien que dans les mosquées. Cet acte religieux, accompli gravement, sans souci des hommes, sans fausse humilité, m'a toujours inspiré le plus profond respect. Ces musulmans ne sont pas de ma paroisse, mais je ne saurai croire pour cela que Dieu reste sourd à leurs prières.

M. Z... riait de tous mes étonnements ; la vérité c'est qu'il était surpris lui-même d'avoir déménagé si heureusement son atelier de l'avenue Wagram aux jardins d'El-Kantara.

Un arabe debout, à quelques pas de lui, me dit à l'improviste : « Veux-tu visiter l'oasis avec moi, je te ferai tout voir. » Cette offre, qui sonnait en bon français, me réjouit et, sûr de revoir bientôt M. Z... et de causer plus librement à l'hôtel, j'acceptai volontiers ; je suivis Amhed-ben-L'Arbi, le neveu du cheikh, qui se met volontiers à la disposition des voyageurs pour remplir les fonctions de guide.

El-Kantara renferme trois villages. Leurs maisons sont uniformément construites en pisé, sans revêtement de chaux. Elles ont un rez-de-chaussée et une terrasse établie sur des poutres en bois de palmier. Leurs ouvertures, rares et fort étroites, se réduisent parfois à de grossières rosaces, dont le remplage, en briquettes crues, obstrue les rayons directs et tamise le jour. Les ruelles se croisent suivant des angles capricieux. Dans ces étroits passages, des hommes étaient assis ou couchés du côté de l'ombre. Je fis une station au principal café, et je me hasardai à faire offrir une tasse aux habitués qui me regardaient pacifiquement du haut de leurs banquettes. On accepta. Le moka était parfait ; nous étions douze, et l'addition s'éleva au chiffre d'un franc vingt centimes.

La plupart des sites d'El-Kantara sont ravissants. Cette oasis a des parties élevées où les maisons s'abritent au milieu des touffes de palmiers étagés. Le ravin naturel de l'Oued fournit les plus belles vues : ces petits tableaux frais et variés ont toujours pour cadre le fond imposant de la chaîne de montagnes. Biskra, placé en vedette sur l'immense plaine du Sahara, n'a pas le même caractère. Son paysage est large, infini comme une vue de la mer ; ici, tout est limité, c'est le bout du monde, un coin de terre privilégié, si beau que le désir n'irait pas au-delà si le désir n'était pas insatiable.

Je visitai les écuries du cheikh, un caravansérail en ruines, une boutique d'orfèvre, où un vieillard fabrique depuis cinquante ans des bagues d'argent sur le même modèle. Quelques ouvriers cousaient en plein air des ceintures de femme en soie multicolore. La mosquée, une simple masure, des chapiteaux antiques, des inscriptions romaines m'arrêtaient ca-et-là. Je vis le cimetière, situé près de la bordure de l'oasis. C'est un champ sans clôture, aride, privé d'arbres, avec un édicule carré au centre, un marabout, et quelques alignements de pierres brutes : pour un enfant, un caillou ; deux, pour une femme et trois, pour un homme. Pas une inscription pour rappeler les noms de ceux qui sont couchés là : le désert et l'oubli vont bien ensemble.

Amhed-ben-l'Arbi me voyait heureux et content de lui. Il avait deviné tous mes goûts et, pour me démontrer que d'autres voyageurs avaient été satisfaits de ses bons offices, il me présenta un petit carnet, couvert de certificats élogieux, et me pria de lui faire le plaisir d'y ajouter quelques lignes. « Volontiers, mais je ne suis pas « un grand personnage comme le général X..., comme le peintre « Guillaumet... » Je m'arrêtai, en me mordant les lèvres. Les bons avis de M. Z... me revenaient à la mémoire. « Si vous voulez être bien reçu par les arabes , ne craignez pas de vous faire passer pour un homme important. La modestie est déplacée dans ce pays, où les indigènes sont fiers, où un français doit chercher à paraître plus grand que nature. A El-Kantara je suis un peintre illustre. Il faut bien le croire puisque c'est répété et souligné dans ma lettre de recommandation. Plaise à la bonne ville de Paris de contresigner le brevet ! » Un tel conseil donné des rives de la Seine aux rives de la Garonne était fait pour me piquer au jeu. J'ajoutai donc : « Je suis tout de même quelque chose.» Et je signai bravement, *correspondant du Ministère*. Imprudent ! J'oubliais un autre précepte. N'est-il pas écrit que toute grandeur doit être expiée par un supplice ?

Le soir, un plat monstrueux de couscoussou était servi sur la table de l'hôtel Bertrand, de la part du cheikh, en l'honneur du correspondant du Ministère. Ahmed-ben-l'Arbi avait apporté lui-même le présent et assistait implacable à notre festin. Excellent, mais à la condition de se contenter de quelques bouchées ; cette soupière avait absorbé un magasin d'épices. Ce n'était pas un plat mais un condiment. Et, pour faire honneur au présent, je mangeais toujours. Jamais titres académiques n'ont valu plus de poivre.

M. Z... me conta ses peines et ses joies depuis le jour où nous dînions ensemble à Constantine et où, devant moi, un officier supérieur lui promettait une lettre de recommandation. Il avait attendu trois jours sans avoir accès auprès du cheikh, privé de modèles, errant comme un nomade, ennuyé. Puis, tout-à-coup, la lettre étant arrivée à son adresse, on était venu au-devant de lui, on lui avait ouvert toutes les portes et fourni deux modèles. Enfin, le cheikh l'avait autorisé à faire poser sa propre fille. Cette facilité était d'autant plus extraordinaire que les arabes éprouvent une répugnance invincible à laisser faire leur portrait. Guillaumet venait de passer un mois à El-Kantara, n'ayant pu y prendre que des paysages et des croquis d'hommes et d'enfants exécutés à la dérobée.

Je parlai de la baigneuse, cette apparition qui m'avait surpris dès les premiers pas ; mon compagnon se mit à rire. « C'est une laveuse. C'est justement mon tableau. Le soir on voit ces femmes par groupes, battant le linge de leurs pieds nus. Des écumes et des perles volent tout autour des robes rouges, et les laveuses, alertes au travail, bavardent bruyamment. On peut s'asseoir à quelque distance et les regarder ; elles ne s'effarouchent pas. Leur rire sonore laisse voir de belles dents blanches. Qui sait tout le bien ou le mal qu'elles peuvent penser et dire d'un étranger ?

« Les études que vous avez vues sont faites pour cette composition, J'ai déjà trois lavandières : Aicha, Aichoucha et Zulma. La première est cette jolie brune, à la figure allongée, aux grands yeux, qui posait quand vous êtes venu. Demain vous pourrez rencontrer Zulma , un type égyptien, une tête carrée, le nez un peu épaté, le teint cuivré. Son air est grave. On la coulerait en bronze. C'est un vrai sphynx. Je la fais poser accroupie, ramassant une pièce de linge. Cette jeune fille reste ainsi des heures sans qu'un muscle se détende ou grimace ; je ne crois pas que ses paupières s'abaissent sur ses yeux ; elle pourrait, comme un aiglon, fixer le soleil. Elle était aussi vêtue de rouge ; c'est fort beau ; mais j'ai voulu plus de variété dans mes costumes. Sur ma demande, elle a fouillé sa garde-robe, puis elle est revenue toute drapée de bleu. Ces chaudes couleurs, sans ombres, dans ce paysage tout rayonnant que vous connaissez, c'est écrasant pour un peintre. Il faut tant de minium et de cobalt aux orientalistes que le public de nos pays de brouillards pourrait prendre leurs tableaux pour des mystifications. Et nous restons toujours au-dessous des effets de lumière.

« Vous devez juger que je suis bien placé pour faire des études de mœurs. J'observe tout avec discrétion, à la façon des arabes, qui voient sans regarder. Inutile de vous dire que, dans ce pays, comme partout, les femmes sont fort curieuses. J'ai quelque plaisir à les surprendre en flagrant délit.

« Mon chevalet est dressé sur l'allée qui mène de la maison à la fontaine. J'ai remarqué que lorsque mon croquis était avancé on allait puiser l'eau plus souvent que de coutume. Vous les avez vues jeter une natte sur leurs épaules, puis y placer le vase à deux anses au goulot étroit, à la forme orientale, qui joue le rôle de nos vilains seaux de fer-blanc. Elles le tiennent des deux mains et marchent courbées. Malgré cela, en passant, elles voient tout en quelques secondes. Seulement la peinture les déroute. Je dessine et je peins d'abord les têtes. Pour elles, ce n'est pas un portrait. Aussitôt que j'ai mis du rouge à la robe, trois gros bracelets au poignet, on a compris, on s'arrête, on s'écrie : Aichoucha ! Une robe bleue deux bracelets : Zulma ! »

J'aurais causé des heures avec M. Z... Un jeune homme, qui revenait d'une chasse au mouflon, et qui, accompagné de sa mère, dînait avec nous, avait pris part à notre conversation. Puis il nous dit quelques mots de la fauconnerie arabe, qu'il allait étudier dans les Zibans. Je l'étonnai beaucoup en lui exposant quelques-unes des règles de notre fauconnerie du moyen-âge.

M. N... la connaissait fort bien lui même et, par la pratique, car il fut ravi de m'apprendre qu'il possédait en France seize faucons, qu'il avait amené avec lui deux lévriers anglais et acheté un cheval arabe pour forcer la gazelle dans le désert, que, de plus, dût-il passer vingt jours dans la montagne, il voulait tuer un mouflon. Enfin, je rencontrais un homme aimant la chasse après Dieu. L'entente était facile. Il fut convenu que nous irions le lendemain à la recherche des mouflons et le jour suivant à l'affût des aigles.

A cinq heures, nous étions sur pied. Ali-ben-Mabrouk, notre guide, nous attendait, un grand fusil sur l'épaule. Il nous demanda s'il pou·vait emporter cette arme. Trop habitué peut-être aux coutumes françaises, qui ne permettent pas aux piqueurs de tirer, mon compagnon déclara que c'était inutile. L'arabe se sépara tristement de son fusil, et, se chargeant du lourd panier qui contenait nos provisions de route, il se mit en marche. C'est un homme sec, un squelette cuirassé de tendons et de muscles d'acier. Son nez aquilin fait une forte saillie sur ses joues creuses ; son œil est enfoncé sous l'arcade sourcilière, comme celui d'un oiseau de proie. Ali-ben-Mabrouk est chasseur de profession. Nul ne connaît mieux que lui les repaires des fauves, les sources où boivent les gazelles et les seuls passages accessibles pour atteindre les sommets où broutent les mouflons. C'est de plus un homme sûr. Il n'avait pour nous que le défaut assez excusable de ne pas parler français. *Macache* et *bono* firent tous les frais de nos dialogues.[1]

---

[1] Les arabes font un usage constant de ces deux mots qui ont la signification de *mauvais* et de *bon*. J'ai failli commettre une regrettable méprise sur une des applications du mot *macache*. Un arabe, à la mine suspecte, que je rencontrai sur une grande route, m'avait crié en passant *macache sordi !* Je n'ai jamais éprouvé plus grande démangeaison de rosser quelqu'un. Evidemment, il m'avait dit : « Tu es un homme *méchant sordide*. » — Ce *sordi* avait si bien une physionomie latine. — L'injure valait pour le moins un coup de pied, et mon fusil m'assurait qu'il n'y aurait pas de riposte. Je sus me contenir, justement peut-être parce que j'étais armé. J'eus ensuite l'occasion de demander à un français qui connaît fort bien l'arabe, si vraiment j'avais été insulté : « Eh ! tant s'en faut. C'est un malheureux qui vous demandait l'aumône. *Macache sordi* veut dire : je suis *pauvre un sou*. »

La montagne que nous devions gravir, le Metlili, est la plus haute du groupe voisin d'El-Kantara. Son arête supérieure, vue de loin, forme une ligne presque horizontale. Il faut l'atteindre pour juger combien elle est rugueuse et coupée par des ravins. L'ascension peut se faire sans danger, à la condition d'avoir un guide, mais non sans fatigues. Je passe sur la chasse, pendant laquelle M. N... vit deux mouflons, sans pouvoir les tirer, pour parler seulement du paysage splendide que j'ai admiré pendant de longues heures.

Au sud-est, s'étendent trois chaînes de montagnes qui, de ce point, semblent presque parallèles. Elles sont également arides, mais leurs colorations, qui tiennent à leur constitution géologique, au cours du soleil ou aux distances, sont très-variées. Auprès de couches jaunes comme du soufre, d'autres offrent la teinte bleuâtre si discrète, si douce à l'œil de certaines argiles. Quelques pentes, comme imprégnées d'oxyde de fer, sont d'un rouge vif. Les derniers plans ont des couleurs plus sombres, parfois indécises entre le violet et le noir, et changeantes suivant les heures. El-Kantara, au sud, est en partie masqué par son banc de rochers. Une seule oasis apparaît au loin comme un point vert dans une vallée grise. Le regard plonge jusqu'à la plaine des Zibans et se perd dans le vague. Au nord-ouest, s'étendent des monticules aux formes arrondies, mouchetés comme une peau de panthère. Des thuyas rabougris et clair-semés forment les taches noires. Autour de nous, sur le Metlili, croissent des arbres pareils tout petits et cependant d'un grand âge. Leurs branches se rompent comme du bois mort et brûlent comme un feu de paille. Leur résine est parfumée. Des touffes d'alfas disputent à ces pygmées le peu de terre végétale que retiennent les pentes rocheuses.

— « Très bien, alors *sordi* doit venir de *solidi* et non de *sordidus*. » Et j'appris une fois de plus qu'il faut se défier de deux choses au monde, des étymologies et des mouvements de colère.

Il existe un mot arabe beaucoup plus compliqué que *macache* et *bono*, parce qu'il résume ces deux termes avec leurs sens opposés. Ce mot doux ou terrible est *chouïa*, qui, littéralement, signifie *un peu* et par-dessus le marché toutes sortes de choses. Le ton fait la chanson ; ces deux syllabes valent souvent un long poëme. Vous pouvez traduire, selon les circonstances : Viens *un peu* que je t'assomme, ou viens *un peu* que je t'embrasse.

Notre guide devait nous donner une idées des ressources qu'offre l'alfa, en même temps qu'un exemple de son industrie primitive. Tandis que nous faisions grand tapage, en marchant gauchement sur les fragments de roches, il paraissait glisser, à petit bruit, avec les ruses du mohican, sur ses sandales en alfa. Avant la fin de la journée, cette chaussure était percée à jour. Ce n'était pas la peine de s'embarrasser pour si peu. Avant dix minutes, une semelle toute neuve était tressée, ajustée aux pieds, et notre homme continuait à nous effrayer par ses robustes enjambées.

Le lendemain, nous étions partis seuls pour notre chasse à l'aigle. Nous en savions un couple, dont l'aire était perchée au-dessus d'un précipice, sur un des versants les plus abrupts du Metlili. Depuis quelques jours, un affût avait été préparé. Une malheureuse poule devait servir d'appelant. Mais à cent pas de l'abri où nous allions nous poster, deux femmes récoltaient de l'alfa. Comment leur faire comprendre qu'elles nous gênaient. Elles engagent une conversation mêlée de gutturales incompréhensibles et de gestes; elles rient et tendent les bras alternativement vers l'affût et vers le nid d'aigle. Elles imitent les battements d'ailes de l'oiseau et l'attitude du chasseur qui vise. Elles avaient trop bien deviné nos intentions pour ne pas nous laisser charitablement la place libre. L'une d'elles charge son lourd fardeau et descend la pente; l'autre, toujours riant, prend un de ces petits miroirs encadrés de cuir et de houppes de soie qui sont un des bijoux préférés des femmes du désert, et, tour à tour, se mire avec complaisance et nous regarde. O coquetterie! O naïveté de la fille d'Eve! Quelle façon de nous dire : « N'est-ce pas que je « suis belle! » Lorsqu'elle fut descendue à son tour, je quittai M. N... pour aller me poster quatre cents mètres plus haut, à l'abri de quelques rochers. Je voyais passer les aigles, mais hors de portée, et, après une heure, je perdais patience lorsque deux arabes, armés de fusils, apparurent subitement à cinquante pas, se dirigeant vers moi.

Bon! deux maris jaloux qui nous ont épié lorsque nous causions avec leurs femmes. C'est gênant, mais la partie peut être égale. J'ai deux coups de fusil contre deux coups. Quand ils auront fait dix pas de plus je crie au large! — en arabe *ro !* — et, s'ils avancent encore, j'épaule. Ils devinèrent le sentiment que devait me faire éprouver leur abord imprévu dans cette solitude, car, levant leurs fusils en l’air, en criant *macache*, ils soufflent dans les canons pour attester qu’ils ne sont pas chargés. Puis, à force de signes, ils me font comprendre qu’ils pourraient me conduire jusqu’à portée de fusil du nid d’aigle. C’étaient bien sans doute les maris de nos moissonneuses d’alfa, car ils étaient complètement renseignés, mais nullement jaloux. J’allai rejoindre M. N... qui fut d’avis d’accepter la proposition.

Notre affût, près de l’aire, en compagnie de ces deux guides improvisés, n’eut pas de succès. Un moment je vis planer un des aigles à une faible distance, le cou penché, ses grandes ailes fauves toutes ouvertes. Je visai. « Tirons ! » — « Non, il se posera. » Et l’aigle ne revint pas.

Un don de quelques cartouches fait à nos arabes avait été reçu avec les signes manifestes de la plus vive reconnaissance. En redescendant avec nous dans la direction d’El-Kantara, ils nous firent une pressante invitation pour nous retenir dans leur douar. C’était une dixaine de tentes en toile grise, souillées de poussière et déchirées, qui dominaient les berges d’un torrent à sec. Des hardes de chèvres maigres erraient aux alentours. Des chiens roux aboyaient. A notre arrivée , une troupe de bambins demi-nus nous entoura. Nos arabes étendirent des nattes, pour nous engager à nous asseoir, et, comme nous refusions, un *chouïa* très engageant fut dix fois répété et les enfants se mirent à danser en criant *chouïa ! chouïa !* Quelques femmes, couchées à plat ventre sous les tentes, montraient leurs têtes ébouriffées au travers des brèches de la toile. Je crois qu’elles disaient aussi *chouïa !* Mais ce grotesque embarras de ne pas pouvoir échanger deux phrases avec nos hôtes, nous empêcha de prolonger une scène amusante. Après avoir accepté quelques dattes et donné quelques cartouches de plus, nous reprenions notre chemin.

Je devais quitter El-Kantara avec une véritable tristesse. Ce pays m’avait fait partager tous les enivrements du soleil, le Dieu de l’Orient et du Midi. J’excusais à demi les adorations payennes, ce culte de la lumière des temps anciens, consacré sous tant de noms de la fable et de la théogonie, si bien que nous définissons encore Dieu par la lumière : *Lumen de lumine.* Je m’expliquais une loi de l’histoire, cette tendance des peuples à toujours descendre du nord au sud sans jamais remonter. Le midi est si beau ! mais les dernières étapes sont meurtrières : le Dieu tout-puissant est armé de flèches terribles pour frapper ceux qui le contemplent de trop près. Ecrasé par le soleil, l'homme tombe fatalement dans une nonchalance boudhique. Tous les ressorts de la vie se détendent et la civilisation meurt.

Je consacrai mes dernières heures à une troisième station dans les jardins du cheikh. Aicha posait. Zulma était auprès d'elle. En arrière, la porte de la maison, béante, faisait une grande tache noire sur la surface rose des murs en terre. Une des femmes de notre hôte, aussi blanche, aussi belle qu'on puisse l'être en France, splendidement vêtue, était assise sur les marches qui descendent de la porte au jardin. Quelques stipes de palmiers coupaient de leurs lignes verticales, les plans de l'habitation. Leurs panaches, d'un vert éclatant, dominaient la terrasse et produisaient jusqu'à nos pieds de singuliers effets d'ombre.

« Quel tableau ! Si vous pouviez le rendre ! C'est aussi bien que les lavandières de l'Oued. » — « Certes oui, me répondit M. Z..., mais, par malheur, un tableau ne s'improvise pas. Je collectionne des documents. C'est tout ce que je puis faire ici pendant un mois. Parfois je travaille avec feu et mon pinceau court comme une plume pour traduire ma pensée ou tout bonnement ce milieu si simple et incomparable. Souvent aussi je suis vaincu par les modèles, vaincu par la lumière, désespéré. »

Ce jour-là il peignait par grandes touches fort justes. Pour ne pas entraver son travail, je me tus et je regardais, insatiable, analysant les détails comme si moi aussi j'avais été peintre. Chaque trait de ce paysage est gravé profondément dans ma mémoire. Puis je voyais encore autre chose que de la lumière, des murs roses et des palmiers : ces figures humaines, cette jeune fille, posant pour ses beaux yeux, sa robe et ses bijoux, et séparée de nous par des abimes : la religion, les mœurs, l'éducation, la langue. Et, je ne sais comment, — j'étais dans le pays du rêve — il me sembla que je lui adressais la parole :

« Aicha, aux yeux de gazelle, aux yeux profonds, toi que je n'ai pas vu sourire, à quoi rêves-tu quand tu regardes là-bas ? L'horizon de ta vie est fermé. Sais-tu que le monde est grand et que ton oasis n'est qu'un point dans l'espace ? Ton ciel est bleu. Sais-tu qu'il nous cache des mystères ?

« Quelques versets du Coran, tombés gravement de la bouche de ton père, ont-ils éveillé ton âme ? Les refrains que parfois chante un poète inconnu qui passe, ont-ils fait battre ton cœur ? Toute ta science est faite de ces courtes leçons. C'est peu de chose. Aicha, je te plains.

« Du jardin de ton père, où déjà tu vis récluse, tu dois aller bientôt dans le jardin de ton époux, dont la porte sera fermée. Alors finira ton enfance et tes jours se passeront à tisser les burnouss, à puiser l'eau, à préparer les repas ; et le lendemain ressemblera toujours à la veille, jusqu'à l'heure où tu dormiras sous deux pierres, dans le champ de sable, près du marabout. Chasse loin de toi cette pensée. Tu n'as vu que douze fois fleurir ces palmiers et mûrir les dattes. Ta jeunesse rayonne. Que veux-tu pour être heureuse ?

« Est-ce ta seule joie de porter une robe éclatante et d'entendre sonner comme un bruit de grelots les anneaux d'argent qui se heurtent à la cheville de tes petits pieds et tes bracelets repoussés, et les plaques ciselées de ta large ceinture, et les lourds pendants d'oreille ?

« Tu es belle et parée, tu es fière, Aicha. Mais prends garde : on ne porte pas tant de chaînes sans être esclave. La femme pauvre que tout à l'heure j'ai vue descendre de la montagne, es: plus libre que la fille du cheikh. Elle possède un peu plus de soleil et se réjouit de l'amitié de son troupeau de chèvres.

« Aicha ! Je te plains. »

Il m'a semblé qu'Aicha me répondait :

« Pourquoi me plaindre ? Je ne rêve pas. Le peu que je vois suffit à charmer mes yeux. Pourquoi donc aller au-delà ? Le monde est-il plus beau que mon oasis ? Réponds, toi qui cours le monde et qui parais admirer mon pays. Le peu que je sais suffit à mon âme. Qu'importe une science vaine ! J'ignore le doute ; cela suffit. Mon cœur bat et, quand je serai devenue épouse et mère, Allah m'aura donné tout ce qui fait la femme heureuse et grande. Je plains ceux qui voyagent. Que cherchent-ils ? Le bonheur n'est donc pas sous leur toit ? Voyageur, je te plains. »

Je demande grâce à tout lecteur sérieux pour ce monologue, que mes lèvres n'ont point proféré et qui eut gagné sans doute à ne pas éclore en lettres moulées à trois cent cinquante lieues du pays et de la jeune fille qui l'inspirait. J'ai subi en peu de minutes une vive impression. Je l'exprime naïvement. Cette pastorale inoffensive, remarquez-le bien , est tout à fait dans le style arabe , c'est-à-dire on ne peut plus couleur locale. Je plaide les circonstances atténuantes.

Maintenant, j'avoue de bonne humeur que cette fantaisie est étrange et nullement dans le goût moderne. C'est la faute des palmiers. Si vous le voulez bien, à l'ombre de nos ormes et de nos platanes, je rirai le premier de ces leçons de philosophie que j'improvisais alors pour mon usage et qui n'ont rien de commun avec l'enseignement classique. J'ignore par exemple s'il faut les croire plus gaies ou plus tristes, plus vraies ou plus fausses que les inflexibles formules de la préparation au baccalauréat.

Mon séjour à Biskra fut de courte durée. Les merveilles du jardin Landon, les danses des Ouled-Nails, la variété des types indigènes, les fortifications démantelées de la ville ancienne, les vues si diverses d'une oasis immense, où les champs d'orge alternent avec les bosquets de palmiers, mille détails enfin prêtent à l'observation. Toutefois je revoyais bien des choses étudiées déjà, et, sitôt que manque l'attrait de la nouveauté, notre attention décroit et nos enthousiasmes se refroidissent.

Du moins, je garderai le souvenir de quelques figures *simiesques*, des Touaregs peut-être, au front bas, aux lèvres lippues, à la machoire proéminente, aux jambes grêles et torses. D'autres nègres ont des traits acceptables, humains, et sont construits sur de justes proportions. Dans le voisinage de leurs maisons, de petits jardins, bien semés, bien sarclés offrent une grande variété de légumes, ce qui donne une preuve de travail et d'intelligence. C'est un exemple pour les arabes moins actifs qui forment encore la majeure partie de la population.

De ce milieu trivial ressort une figure étrange, que je crois avoir encore sous les yeux après trois mois ; de grandes rides transversales, des oreilles hautes et pointues, des yeux allumés, cernés de plis, un sourire sardonique, une barbe de bouc. Le saltimbanque, dont je fournis le signalement flatteur, dodelinait de la tête, comme un ours blanc dans sa cage, pour marquer la mesure des tambourins. J'avais rencontré le type achevé des faunes et des satyres, qui, dans les galeries d'antiques, servent de repoussoir aux Apollons vainqueurs, aux Vénus d'une beauté divine. J'ai regardé sérieusement s'il n'était pas complété par des pieds de chèvre.

J'avoue que mon érudition, en fait d'ethnologie est des plus courtes. Cette foule était la plus mêlée que j'aie jamais coudoyée de ma vie et je n'ai pas songé à demander à l'un ou à l'autre un certificat d'origine. Par exemple, on peut juger à première vue qu'il existe des races désormais fixées, intermédiaires entre le kabyle et le nègre. Un des guides de l'hôtel du Sahara, Abdel-Kader-ben-Kalifa-ben-Assen, appartient à l'une de ces familles de métis. J'ai causé avec lui durant deux jours et j'ai constaté qu'il n'avait pas fait une seule faute de français dans ses réponses qui rempliraient un volume. Lorsqu'on pense qu'il a dû apprendre notre langue par intuition, en entendant causer, sans avoir le droit de questionner beaucoup, ce tour de force semble tenir du prodige. Mais d'ailleurs son intelligence est si vive qu'il devine un geste aussi bien qu'il comprend une phrase. Il a la parfaite connaissance de nos mœurs européennes, presque nos goûts. Son rêve est de voir Paris. Si chaque ville de notre colonie possédait dix hommes comme Abdel-Kader notre mission serait comprise et l'Algérie serait vraiment française.

Je dois à ce guide une excellente réception chez le cheikh de Chetma. Cette oasis, à une heure et demie de Biskra, en est séparée par une plaine aride. La route est bonne, car on la trouve partout, chacun étant libre de prendre la ligne droite ou la ligne courbe à travers les terrains vagues semés de cailloux. Chetma possède des sources incomparables, une sorte de rivière d'eau tiède. La végétation de ses palmiers est plantureuse. Au moment de mon passage, au milieu de février, leurs premières fleurs apparaissaient. Elles se rattachent à un groupe de tiges rigides comme le faisceau d'un balai et s'épanouissent en crevant une enveloppe qui protège tout le régime. Elles n'ont d'ailleurs aucune beauté. A leur nombre je pouvais juger de la fécondité prodigieuse du dattier.

Le village a conservé des airs de forteresse. Ses maisons assez hautes sont enchevêtrées et groupées de façon à concourir à la défense commune. Auprès des murs en pisé, quelques pierres équarries sont éparses sur le sol. Elles proviennent de ruines romaines.

Le cheikh est jeune. C'est un bel homme, aux traits réguliers. Au moment où je pénétrai chez lui, il reposait, malade, dans le vestibule de sa maison. Son salut, traduit fidèlement par mon interprète, rappelait les formules hébraïques ou plutôt orientales : « Sois le bien-« venu. Que Dieu soit avec toi et avec les tiens. » Je tentai de répondre sur le même ton. Cette improvisation devait accuser une gaucherie inévitable. Je soupçonne Abdel-Kader d'avoir réparé ces maladresses et je lui en sais gré. Après tout, ces formules sont plus intéressantes que les nôtres, comment allez-vous? comment vous portez-vous? qui veulent dire, à peu près, comment marchez-vous sur vos jambes? Elles valent mieux surtout que le bonjour anglais *How do you do ?* qui signifie : comment faites-vous faire ?

L'hospitalité du cheikh répondit à ces débuts. Je fus obligé d'accepter une collation de laitage, de fruits secs et de café et j'éprouvais, ici comme à El-Kantara, un embarras pénible, celui de ne pouvoir témoigner d'aucune façon effective ma reconnaissance pour une réception aussi cordiale.

Malgré soi, toujours on compare les pays nouveaux aux pays connus. Le désert, comme toutes les merveilles qui aveuglent, doit être vu en passant bien vite. Parmi les français qui l'admirent, parmi les soldats et les fonctionnaires qui y sont envoyés, combien peu voudraient l'habiter toujours? Après quelques séries de vingt-quatre heures ou quelques mois, on fuit, altéré de sources fraiches. On vieillit trop vite dans le tourment du sommeil en plein jour et des nuits énervantes. Parfois, lorsque le sirocco soulève ses tourbillons de sable, le faible abri des tentes et des maisons fait l'effet d'un sépulcre où l'on étouffe et l'on se souvient alors des vallées vertes et pleines d'eau vive du pays natal.

Les palmiers, les palmiers toujours, rien que les palmiers, est-ce l'équivalent de nos bois, de nos parcs, de nos promenades? Le hêtre dans nos montagnes, l'orme dans nos plaines, le chêne gaulois partout vivace et grand, luttent dans notre mémoire contre ces tiges, hautes, maigres et rugueuses et ces touffes de feuilles aiguës dépourvues de l'envergure de nos beaux arbres. Après avoir contemplé cet épanouissement des oasis, sous un ciel de plomb, il est permis de souhaiter un peu d'ombre et de s'écrier à la face des palmiers : « Quand donc reverrai-je les hêtres, les ormes et les chênes? »

III

UNE CHASSE AUX SANGLIERS.

Dans une contrée aussi originale que l'Algérie on a mille occasions de s'instruire, même à la chasse. Cela du moins m'est arrivé. Aussi je crois pouvoir consacrer, sans hésiter, quelques pages à une journée passée en plein bois, en pays arabe.

La battue devait avoir lieu dans la région sauvage et dépourvue de routes qui s'étend au centre d'un triangle fictif dont les pointes seraient à Philippeville, à Constantine et à Guelma.

Notre expédition était dirigée par un lieutenant de spahis, escorté de deux de ses hommes. Mon ami T... juge de paix, un employé de l'administration des domaines formaient le gros des troupes. La caravane était peu nombreuse, on le voit, mais bien armée. Les arabes d'un douar, réputés bon limiers, avaient été avertis la veille de tout préparer pour une chasse sérieuse. On comptait qu'ils seraient environ une douzaine.

Nous avions à faire d'abord quatorze kilomètres, à dos de mulet. On partit de nuit, en suivant au petit pas, à la file, des sentiers affreux. Nos deux spahis chantaient ces refrains monotones qui bercent le demi-sommeil de tous les arabes.

Au point de jour, nous étions au milieu de régions boisées, montagneuses, où le fond des vallées est uniformément creusé par des torrents, dont les grandes colères ne laissent d'autres traces que des brèches taillées par les cascades et des lits de cailloux. Les collines sont aussi vertes en février que nos campagnes au mois de juin. Sur dix essences d'arbres qui forment les taillis, huit au moins sont à feuilles persistantes ; ainsi les hivers d'Algérie ne connaissent pas la tristesse des feuilles mortes.

Les sentiers que nous suivions décrivaient parfois des lacets. J'ai gardé le souvenir de points de vue pittoresques, d'abîmes ouverts à nos côtés et surtout d'un olivier sauvage, qui s'élève sur un angle du chemin dans une pente fort raide. Vieux de plusieurs siècles et pourtant plein de vigueur, cet arbre, couronné par un dôme immense, étale ses racines noueuses et se cramponne à toutes les fissures du rocher. Nous défilions ; j'étais le dernier et je voyais à travers ses branches aux découpures fines les manteaux blancs et rouges des spahis et la silhouette de leurs chevaux aux allures souples et élégantes. C'était tout un tableau, bien difficile à peindre, en raison de la diversité des plans. Les plus habiles traducteurs des *dessous de bois* ne peuvent triompher de certaines difficultés, dont la nature se joue, dans les caprices de l'air libre, dans les perspectives ménagées par les fouillis à demi translucides.

Le ciel était sans nuages, l'air vif, et l'on éprouvait ce bien-être si apprécié par les touristes auxquels les courses matinales et les ascensions de montagnes sont familières. Ajoutez à cela l'imprévu de la journée, les émotions d'une chasse inconnue : c'était une partie de plaisir comme on en fait peu.

Nos arabes étaient exacts au rendez-vous. Cela méritait bien des félicitations. « Ah! c'est toi, brigand, que j'ai invité sans le savoir, et tu as le front de te présenter. Tu sais que si tu n'es pas à Cayenne ce n'est pas ma faute. » Tel fut le salut, — et je vous prie de croire que le ton répondait aux paroles — par lequel le lieutenant de spahis accueillit le chef du douar.

Cet arabe, qui parait avoir de trente-cinq à quarante ans, est blond, comme on se permet rarement de l'être en France et beaucoup en Allemagne. Sa barbe, entière et clair-semée, tire sur le rouge. Ses cheveux sont rasés. Il a de beaux yeux bleus et l'air candide. Il ne répond pas et se contente de sourire comme à un compliment, et les hommes qui l'entourent sourient.

Un si beau début était fait pour m'intriguer. Cette rude semonce avait fait explosion à la face de tous ; j'étais presque autorisé à en demander publiquement la cause. Le lieutenant m'épargna même une question : « C'est un assassin. En 1878, un colon, qui avait eu l'imprudence de s'engager seul dans ce pays, reçut un coup de fusil en passant près du douar. Blessé, il s'enfuyait. Les arabes s'ameutèrent à sa poursuite. Celui-ci l'a achevé d'un coup de fusil dans le dos, là, au coin du bois que vous voyez. Tout le monde le sait ici. Je suis fixé. Mais nul n'a témoigné en justice. Tous ont déclaré qu'ils n'avaient rien vu. Le jury de Philippeville a acquitté et maintenant voyez comme il rit. — Tu ris, malheureux ! — J'avais cru cependant qu'il n'oserait pas rentrer dans son douar. Le plus singulier c'est que mon invitation tombe entre ses mains. Ceci ne tire pas à conséquence. Je suppose qu'il sera non seulement aujourd'hui mais toujours doux comme un agneau. »

Et le lieutenant avait une façon terrible de regarder les gens, de faire sonner les phrases, de porter le képi sur l'oreille et même de fumer une cigarette. Il eût fait trembler cent arabes. Il m'a fait comprendre le régime militaire, qui a eu et qui a encore sa raison d'être dans certaines régions comme celle-ci, que j'allais étudier.

Nous fîmes halte à cent mètres du douar, près d'un gourbi alors inhabité. Son toit de branchages et de chaume protégeait des silos, dont les parements en terre battue s'élevaient au-dessus du sol comme la margelle d'un puits. Non loin de nous s'étendaient quelques champs de blés et de fèves irrégulièrement semées. On voyait aussi dans le voisinage des tentes une jeune plantation de figuiers alignés comme les arbres d'un verger et quelques massifs de figuiers de Barbarie. Des bois à perte de vue formaient le fond du paysage. Pas de hautes futaies. De rares chênes-liège dominaient quelques portions des taillis, dont la hauteur est presque partout uniforme, dont les touffes sont arrondies et d'une verdure sombre.

Cependant de toutes parts descendirent des hauteurs des arabes attirés par notre chasse. Nous avions demandé douze rabatteurs ; ils étaient quarante. Armés de leurs longs fusils à pierre, déguenillés et sordides, les jambes nues, ils formaient des groupes dans lesquels on discutait vivement l'ordre à suivre. Avec de singuliers échanges de cris rauques, ils dressaient leur plan stratégique contre les sangliers, les ennemis de leurs champs, pour eux des bêtes immondes. Trois chiens au poil fauve, à peine plus gros que des renards, d'une race voisine de celle de nos chiens de berger, la tête basse, sournois, rêvant la bataille, semblaient flairer déjà la curée : C'était la meute. L'un d'eux, vieux, pelé, galeux, célèbre dans le pays pour sa ruse et son courage, devait ce jour-là justifier sa réputation.

La méthode des attaques était en réalité très simple. On cernait chaque colline, en gardant les huit ou dix postes de passage. A chaque débouché, quatre ou cinq tireurs se groupaient. C'était trop, surtout pour des Arabes qui bavardent jusqu'au moment où le sanglier a la complaisance par trop grande de se jeter comme un sourd entre leurs jambes.

J'étais recommandé aux soins d'Ibrahim, un vieux braconnier, qui sait quelques mots de français et qui tire les perdrix au vol, en temps permis ou prohibé, comme un dilettante de la Beauce. Le hasard m'a fourni aussi l'occasion d'un tête-à-tête avec l'assassin, qui était armé d'un fusil à deux coups aux canons si courts qu'on eut dit un pistolet.

Quand tout le monde est en place, quelques arabes escortés par les chiens pénètrent dans le bois.

La première battue fut infructueuse. A la seconde, quelques aboiements se firent entendre. J'interprétai facilement le sourire de mes compagnons. Le sanglier était debout. Debout, non, je me trompais. L'animal avait fait tête, car un premier coup de fusil l'atteignit dans sa bauge. Les arabes qui traquaient le bois, suivant la chasse aux hurlements des chiens, multipliaient les signaux pour indiquer la direction. Quelques uns des plus agiles coureurs arrivèrent à temps sur le passage de la bête. Trois autres coups de fusil retentirent, puis rien. La colline était si vaste qu'il fallut une heure pour nous rallier tous en présence du sanglier mort, une bête rousse. Tiré quatre fois par les arabes, il était frappé de quatre balles. Le chien galeux, qui l'avait attaqué, le protégeait maintenant et malheur à l'homme ou au chien qui approchait de sa proie !

Avec toute la philosophie que peut comporter le rôle effacé des comparses dans un drame, notre escouade française prononça cet arrêt plein d'espérance : à un autre.

D'ailleurs le fauve abondait. Trois sangliers sont débusqués à la fois et chacun d'eux prend une direction différente. Ce fut alors le plus beau désordre qu'on puisse rêver. Les gutturales arabes emplissent l'air ; les burnous s'agitent sur les bras tendus ; partout des signaux s'échangent, et les tireurs courent par longues files, le plus jeune ou le plus leste distançant les autres. Cependant les sangliers rusent dans le bois : tantôt on les entrevoit franchissant des clairières, tantôt on les devine à la poursuite des chiens ; ils tournent, ou décrivent des angles, ou reviennent sur leurs pas, affolés par tant de clameurs. Personne ne reste en place ; tout est en branle. Le résultat facile à prévoir de tout ce tapage c'est que les trois bêtes viennent jusqu'à la lisière, inspectent le terrain, écoutent les bruits, flairent avec prudence, fuyent avec art et se dérobent par les sentiers abandonnés. Les sangliers étaient cernés par quarante cinq fusils ; ils sortirent par trois chemins ; aucun d'eux ne fut tiré.

Ces arabes sont de vrais enfants du moment où ils portent un fusil sur l'épaule. Une charge de poudre leur brûle les doigts, leur fait tourner la tête. Ils tireraient sur la lune ou le soleil pour l'amour du bruit et des âcres senteurs de la fumée. Quand la chasse fut terminée, ils nous supplièrent de tirer avec eux. Une feuille de papier servit de cible. Tous les coups heureux furent salués par des hourras.

A mon retour je ne manquai pas de questionner mes compagnons sur les premiers incidents de la journée : « Alors rien à faire contre cette assassin ? » — « Rien puisqu'il a été acquitté. Quoique je l'aie rudoyé, il se moque de nous, vous l'avez vu. Il se dit : je suis plus fort que la justice, plus fort que le lieutenant qui m'a arrêté, plus fort que le juge d'instruction qui m'a interrogé et auquel je n'ai rien dit naturellement, plus fort que le jury qui m'a déclaré non coupable ; puis il dort la conscience tranquille. Tuer un *roumi* ce n'est pas un crime devant Allah, au contraire. Il n'est point facile d'appliquer nos lois et de faire la police dans ce pays. Pendant notre chasse nous avions en vue un douar où s'abrite — j'en suis certain, car j'ai le rapport de plusieurs dénonciateurs — un arabe accusé de trois meurtres. Plusieurs fois, de jour ou de nuit, j'ai fait cerner les tentes par mes spahis et sans résultat. Il suffit de l'aboiement d'un chien pour donner l'éveil, et les arabes s'entendent tous pour nous mettre en défaut. Puis les bois sont si près de leurs habitations. Si l'on réussit à surprendre un douar, l'unique cachette est dans les silos, où ils ne manquent pas de s'enterrer dans les amas de grains. Aussi mon premier soin, quand je suis chargé d'une prise de corps, est-il de fouiller les silos avec le fourreau de mon sabre. Quand on se saisit aussi des complices ou des témoins, on les isole immédiatement, pour surprendre un aveu ou des contradictions dans leurs dires. Le plus souvent, c'est peine perdue. Ils se renferment dans un mutisme absolu ou bien, à votre grande surprise, quand ils comparaissent,

ils récitent tous la même leçon. Je vous donne à deviner en mille un
des moyens employés par eux pour assurer cette entente. Un chanteur ambulant à passé sous les fenêtres de la prison que vous connaissez. Tout en grattant une espèce de mandoline, il a psalmodié :
Mohamed ben Mohamed est arrêté, tu diras que c'est un inconnu
qui a fait le coup, que Mohamed était loin du douar etc. C'est une
variante inédite de : O Richard, ô mon roi. »

« Et maintenant un spécimen d'interrogatoire, me dit mon ami le
juge de paix La scène s'est passée, il y a huit jours. Un homme est
tué d'un coup de fusil. On me désigne l'auteur du crime, Ahmed, et
je suis chargé de l'instruction Je trouve Amhed sous sa tente, impassible, et je commence mon enquête : » Cet homme a été tué. On
vous accuse. « — Ce n'est pas moi. » — « Il a été tué par une balle
de petit calibre. Avez-vous un fusil ? » — « Oui. » — « Est-il chargé? »
— « Oui. » — « Par vous ? » — « Oui. » — « Comment et depuis
quand? » — « Je l'ai chargé, il y a trois mois, avec deux balles. » —
« Je vais le décharger devant vous. Remarquez d'abord que cette
bourre est fraîche, tachée par des résidus encore humides, sans
adhérence avec le canon, sans rouille. Elle a été mise sur le coup
depuis quelques jours seulement, quelques heures peut-être, et non
depuis trois mois. Quelles observations avez-vous à faire ? » — « J'ai
chargé mon fusil, il y a trois mois, avec deux balles. » — « Je ne
trouve pas trois balles mais dix morceaux de plomb irréguliers. Comment expliquez-vous ce fait? » — « J'ai chargé mon fusil, il y a trois
mois, avec deux balles. » — « Mais alors vous devez reconnaitre que
quelqu'un a pris votre fusil, s'en est servi, a renouvelé la charge.
Est-ce à votre insu? Soupçonnez-vous quelqu'un ? Il y va peut-être
de votre vie. Dites la vérité. » — « J'ai chargé mon fusil, il y a trois
mois, avec deux balles. » — « Ce n'est pas répondre. Votre affirma-
tion est opposée à un fait matériel ; vous voyez bien que votre fusil
ne contient pas deux balles. Qu'en dites-vous? » — « J'ai chargé etc. »
Même scie — le mot n'est pas juridique, il est vrai — pendant une
demie heure. Un ange perdrait patience. Le mutisme ou les réponses
neutres des accusés, associés aux déclarations nulles ou fausses des
témoins, entravent constamment la justice. Ce système de défense, si
grossier qu'il soit, rend les démonstrations difficiles, surtout en matière d'assassinats et d'incendies de forêts, et les jurys timorés acquit-
tent. Pour les vols nous sommes mieux secondés, car la partie lésée
nous vient en aide et le volé met à notre service toute sa finesse de

mohican. S'il désespère de faire une preuve complète, il recourt à une procédure de l'ordre religieux, le serment de *seba* ou des sept. Voici un exemple récent. Un arabe vient me déclarer qu'on lui a volé du grain — « Sais-tu qui t'a volé ? » — « Je n'ai rien vu. » — « Il n'y a pas de témoins et le grain ressemble au grain, je ne puis pas poursuivre. » — « Je soupçonne un tel de tel douar. » — « Et pour quelle raison ? » — « Le voleur a laissé tomber du grain sur sa route. J'ai suivi ses traces qui conduisaient vers ce douar. J'ai là un ennemi. Mon père autrefois a tué quelqu'un de sa famille. C'est lui qui m'a volé. » — « Tu n'a pas d'autre preuve ? » — « Non, mais je demande le serment de *seba*. » — « Accordé. » — Alors l'inculpé doit se rendre devant le marabout, accompagné de s x de ses parents, et tous doivent jurer qu'il n'est pas l'auteur du vol. Cela fait, le plaignant n'a plus de recours. Il arrive parfois que l'inculpé ne trouve pas six répondants qui veuillent le protéger par leur serment, car, pour eux, si le parjure devant un tribunal ne tire pas à conséquence, il en est tout autrement du parjure devant le représentant de Dieu. Dans ce cas, l'accusé doit réparer le dommage sans pouvoir faire appel. C'est dans les mœurs, et, quand même il ne serait pas coupable, il s'exécute sans plainte. »

Cette narration était à peine achevée, qu'un jeune homme courait au-devant de notre caravane. Il était fort pâle et des caillots d'un sang à demi figé souillaient son turban. Il échangea vivement quelques mots avec le lieutenant, qui sait l'arabe comme sa langue maternelle ; et je fus témoin d'une scène qui s'expliquera par la traduction de quelques dialogues. « Je viens d'être frappé d'un coup de barre de bois sur la tête. L'os du crâne est à nu. Sans la protection de mon turban j'étais mort. Je viens me plaindre. » — « Qui t'a frappé ? » — « Mon cousin, qui est là dans ce gourbi. » — « Son nom ? » — « Ali. » — « Ali ! Ali ! » cria le lieutenant. » — « Je suis malade » répond l'arabe sans se déranger.— « Ah ! tu ne voudras pas venir. Chouïa. » Et le lieutenant, suivi de près par ses deux spahis, fit bondir son cheval, qu'il arrêta à dix pas de la cabane. « Malade ou non sors maintenant. Tu as frappé cet enfant. » — « Oui. » — « Pourquoi ? » — « Il m'avait appelé m... » (assurément une grave injure) — « Ce n'était pas une raison pour l'assommer. Tu pouvais te plaindre au juge. Avec quel bâton as-tu frappé ? » — L'arabe alla chercher une baguette de laurier-rose et commença une histoire : « Je pilais du tabac avec cette baguette, lorsqu'il est venu m'insulter. » — « Tu mens. Les extrémités de cette baguette ont les arètes vives et n'ont jamais rien pilé. Elles ne sentent pas le tabac. Ce bois est mince, léger et flexible; il ne peut faire une blessure profonde. » et, s'adressant en plaignant : « va voir dans le gourbi si tu trouveras la barre avec laquelle il t'a frappé. » — L'arabe rapporta une sorte de massue. « Voilà. » — « Ali ! approche-toi, tourne le dos. » — L'arabe s'approcha et trois coups sur l'épaule firent voler la poussière de son burnous. « C'est bien, va te coucher maintenant. Le juge qui est là t'épargnera les trois jours de prison que tu as mérités. Souviens-toi de ne pas toucher à cet enfant. »

Le lieutenant descendit alors de cheval : « Reste-t-il à l'un de vous un peu d'eau-de vie ? » — Justement ma gourde n'était pas à sec, et je pus voir celui même qui venait d'appliquer brutalement la loi du talion à ce brutal laver et panser la blessure de l'enfant.

C'est égal. Cette façon de rendre la justice à cheval, en cosaque, m'avait un peu bouleversé et j'en dis toute ma pensée. « Ce n'est point dans nos mœurs, c'est vrai. Vous débarquez de France et cela vous surprend, me dit le juge. Mais nous sommes en pays barbare. Voici quels sont les crimes signalés dans mon canton depuis dix jours : une gare de chemin de fer complètement dévalisée à deux reprises ; un assassinat ; deux incendies de forêts ; le pillage d'un silo ; le vol de six bœufs. Je passe sous silence les petits vols, les blessures comme celle que nous venons de soigner. C'est peu. Mon collègue de C..., avec lequel j'ai dîné avant-hier, a l'instruction de douze crimes commis en vingt jours, dont tous peuvent mener leurs auteurs en cour d'assises.

Le lieutenant vient de faire une exécution sommaire. Mais vous êtes témoin qu'il n'a pas frappé trop fort. L'important, avec ces sauvages est d'apparaître comme un justicier, comme un vengeur redoutable. Nous avons peut-être sauvé la vie à ce jeune homme, qui pouvait être frappé de nouveau. Il ne le sera pas. Vous avez vu que l'accusé ne s'est pas plaint, qu'il n'a pas fait un pas pour éviter un châtiment qu'il trouve juste dans sa conscience d'arabe. La première fois qu'il nous rencontrera, il viendra au-devant de nous et nous offrira du lait de son troupeau. Il nous baisera les mains, en nous disant : « tu es mon père, je suis ton fils. »

Si je vous disais que la plupart des colons fixés dans ce pays ont échangé une fois ou l'autre des coups de feu avec les maraudeurs ;

que parmi les plus honnêtes quelques-uns emploient de préférence et payent cher des arabes voleurs pour travailler et faire la police sur leurs terres, comme Caussidière prétendait faire de l'ordre avec le désordre ; que, lorsque on a vendu sur le marché, c'est-à-dire publiquement, un gros lot de bétail ou de blé, on veille chez soi à côté de sa bourse pleine et de son fusil chargé ; que, lorsque le sirocco souffle la nuit, on monte la garde pour s'assurer que les voleurs, profitant du tapage, ne font pas une brèche dans les murs trop peu solides de la maison, vous comprendriez qu'il faut être sévère, parfois dur pour ces hommes qui n'entendent pas comme nous la loi morale, qui n'ont même pas la foi punique, qui ne respectent que la force. Nous campons en pays ennemi, en pays barbare.

Nos mœurs, nos habitudes nous font pécher par trop d'indulgence. Pour preuve, un fait qui s'est passé sous vos yeux, aujourd'hui même. Quarante arabes armés ont pris part à notre chasse. Or, le droit de port d'armes, en Algérie, est, avec raison, soumis à des formalités. Les fusils doivent être déclarés, autorisés, poinçonnés. Tandis que nos arabes tiraient à la cible, à deux pas de nous, j'examinais les crosses. Le lieutenant l'a sans doute constaté comme moi, car il a l'œil ouvert et connaît son terrain ; la moitié des armes ne portait pas l'estampille officielle. Fallait-il opérer une saisie ? J'ai hésité ; le sentiment des convenances compris comme en Europe, m'a retenu.

Cependant, comme magistrat, j'ai pris bonne note de ce que j'ai vu. Les arabes des trois douars qui sont venus spontanément au-devant de nous ont vingt fusils de trop. Pourquoi ne veulent-ils pas se soumettre aux formalités qui leur permettraient de chasser librement ? C'est qu'ils craignent une enquête, c'est que plusieurs, y compris l'assassin que le lieutenant a traité comme vous avez vu, ont un casier judiciaire compromettant et seraient sûrs d'un refus. »

Je me souviens de ces moindres paroles et j'ai constaté que la région dont il s'agit est à 110 kilomètres — deux étapes — de la Tunisie, du pays des Kroumirs. Depuis mon retour en France, des évènements qu'on était loin de prévoir au mois de février, ont exigé l'application de mesures extrêmes. J'ai su qu'à X... on avait dû saisir les armes non déclarées et que les réfractaires encombraient les prisons. C'était obligé.

Fort heureusement, l'Algérie tout entière ne saurait être assimi-
lée à ce territoire. Il existe des régions où les mœurs sont moins
rudes, où les indigènes, probes et laborieux, sont aussi dignes d'intérêt que nos paysans de France.

Que pourrai-je conclure de ces observations personnelles et des
renseignements qui m'ont été donnés par des hommes qui ont étudié
de fort près les populations algériennes : c'est que le même régime
ne saurait être appliqué sans danger ou sans injustice à toute la
colonie.

INCIDENTS DU VOYAGE. — UNE TEMPÊTE.

J'ai déjà cité les ouvrages que Fromentin a [publiés sur l'Algérie.
Ils se recommandent non seulement par l'élégance de la forme, qui
est parfaite, mais aussi par la rigoureuse exactitude du fond et des
détails. Ils font apprécier à la fois le penseur, qui connaît les hommes et les juge avec plus de bienveillance que de sévérité, l'artiste,
qui discerne les bons modèles et fait revivre les scènes et les
paysages.

A ce guide aimable, dont les leçons ont contribué à me faire entre-
prendre le voyage de l'Algérie, je ferai cependant un reproche, un
seul. Il n'aime pas assez la mer et médit quelque peu de la traversée.
Au contraire, je le dis avec une passion des plus sincères, la Méditerranée me paraît non moins belle que n'importe quelles plaines et
quelles montagnes, plus belle même que la terre de feu du Sahara.
Pour la comprendre et pour l'aimer, il faut l'avoir vue, variant ses
aspects et ses couleurs, dans son calme et dans sa colère. Cette
bonne fortune, assez rare pour qui n'est pas marin, m'est échue par
hasard. Une secousse, même violente, dans le cours monotone de la
vie ne déplaît pas, une fois passée. On ne se souvient pas sans plaisir
des dangers qu'on a courus et on ne les raconte pas sans un secret
chatouillement d'amour propre. J'invoque humblement cette excuse,
pour me faire pardonner si j'ose, après dix mille autres, parler de
la mer.

On trouve dans les poèmes de Byron une recette fameuse pour la
fabrication méthodique d'une épopée. L'inévitable description d'une
tempête fait partie du programme. Cherchez le sens de cette ironie

du grand sceptique. Il a crié le Qui vive ! de la sentinelle. — Les chemins sont occupés, prenez garde ! Un prosateur qui se respecte devrait éviter, tout aussi bien qu'un poëte, de s'embourber dans les lieux communs et de refaire bien ou mal ce qui a été fait cent fois. Mais s'il arrive, par hasard, qu'on ne soit ni poète ni éditeur responsable de la *Revue des deux Mondes*, on a le droit — ce me semble — de cheminer comme il plait, à ses risques et périls, sauf à verser dans l'ornière. C'est pourquoi je vais audacieusement grandir cette causerie à la taille d'un poëme épique, en racontant la tempête que j'ai vue, de mes yeux vue, entendue de mes oreilles. Elle avait, d'ailleurs, bien des faces que les livres ne m'avaient pas montrées. Elle ressemblait assez peu aux épouvantes et aux noyades classiques. Assurément ce n'est pas la faute des vieux auteurs s'ils n'ont point connu ces fiers lutteurs que nous avons décorés du vilain nom de paquebots. La vapeur très commode, mais en somme très bourgeoise, dépourvue de respect, a défiguré le génie des tempêtes et d'autres encore. Pauvres génies ! on ne les invoque plus, on les dissèque dans les chroniques.

Comme tous les amours, l'amour de la mer est parfois déraisonnable. Pour aller à Philippeville, j'avais mieux aimé m'embarquer à Cette plutôt qu'à Marseille. C'était le 27 janvier. Le sage eût hésité peut-être. Les dépêches presque infaillibles du *New-Yorck-Herald* prédisaient un gros temps sur l'Océan, et, depuis quelques semaines, la Méditerranée rivalisait de violence avec l'Atlantique. Trois navires fracassés, en trois jours, sur la plage ou sur les jetées du port de Cette, accusaient un danger plus que probable. Après avoir regardé leurs épaves, comme un curieux désintéressé, je pris place à bord du *Caïd*. On jugea qu'il était imprudent de partir le soir, car un vaisseau coulé à pic obstruait l'entrée du port. Au point du jour, on gagna le large. En dépit du roulis, je dormais paisiblement lorsqu'on frappa brusquement à ma porte : « Venez voir un spectacle bien rare. Un trois mats anglais arbore les signaux de détresse et nous allons à lui à toute vapeur. » Cinq minutes après j'étais sur le pont. Le navire, toutes voiles pliées, à l'ancre, immobile, était bien en vue. Tout au bout de l'horizon, un point noir dans un nuage de fumée, un vapeur qui avait également aperçu les signaux. J'étais en proie à l'émotion la plus vive. Il me semblait que nous ne marchions pas. L'appel était des plus pressants. Arriverions-nous assez tôt ? Et cependant, de l'Est et de l'Ouest, on courait une grande chasse ; de deux points à la fois venait le secours. Une heure se passe ; mainte-

nant on peut compter les minutes qui nous séparent de ces hommes
dont le salut devient assuré. De plus en plus, l'autre vapeur se rapproche. Dix minutes avant nous, il parlemente et se prépare à accos-
ter. « Que demandez-vous, crie en passant le capitaine du Caïd ? » —
« Le remorquage. » Un seul navire suffisant à cette besogne, nous
continuons notre route. Nous étions cependant curieux de savoir quel
accident avait arrêté le trois-mâts dans sa marche. L'équipage, sans
doute fatigué par une lutte prolongée contre la tempête, semblait
inerte, affaissé, mais le vaisseau flottait régulièrement et n'accusait
aucune avarie. « Pas de chance. Trop tard. Les Valéry gagnent au
moins 6,000 fr. » Voilà ce qui se répétait à bord. L'humanité étant
satisfaite, un tarif restait à débattre : un remorquage se paie cher.

La nuit suivante, je me réveillais en pleine mer. Nous avions
quitté le port de Marseille, sans secousse. A dix heures du matin,
on ne voyait plus que le ciel pointillé de quelques cirrhus et la mer
très houleuse, d'un vert opaque tournant au noir, une teinte de
vieux bronze. Peu à peu les lames devinrent plus fortes et le ciel
s'étant chargé de nuages blancs, le grand miroir des eaux refléta sa
couleur. On eût dit qu'un lait de chaux trouble flottait dans les couches profondes, tandis que des écumes souillées couraient à la surface. Un tel changement en quelques heures, cette immense plaine
rugueuse, tout l'horizon passant du noir au blanc en parcourant toute
la gamme des gris ; ce spectacle, nouveau pour moi, me frappait
d'étonnement. A peine me rendais-je compte d'une autre transformation bien sensible. Sous un vent plus violent, le roulis augmen-
tait. Les vagues formaient, comme sur les plages, des barres parallèles et leurs crêtes associées étendaient au loin leurs grandes lignes
horizontales. Entre deux vallées, dans le creux du berceau, le Caïd
glissait lentement, balancé de droite à gauche. Debout sur un côté,
tantôt soulevé jusqu'aux cimes, tantôt abaissé jusqu'aux profondeurs,
je mesurais de l'œil ces masses énormes qui rapetissaient les trois
cents pieds de notre navire. Cet abri fut bientôt débordé. Les vagues plus hautes déferlaient sur le pont. « Eh bien, c'est une tempête, demandai-je au capitaine, un vrai marin, franc, loyal et cour-
tois, dont je suis fier d'avoir conquis l'amitié. » — « Non pas une
tempête. Les marins n'emploient guère ces termes. Nous appelons
cela un gros temps. Mais le baromètre baisse toujours , un orage
menace et la nuit sera mauvaise. »

Quand l'obscurité devint complète, quand le pont fut balayé chaque minute par les lames, je dus à mon grand regret, chercher un
refuge dans ma cabine. Mon lit, placé en travers, offrait une surface glissante et la tête et les pieds heurtaient alternativement les
parois. Impossible de trouver du repos. Je dus me résigner à veil-
ler et, ne pouvant rien voir, à écouter. Le concert en valait la peine.
Des bruits nouveaux se mêlaient aux bruits connus. Avant minuit,
l'orchestre déchaîna les accords les plus effrayants. C'était l'heure,
bon gré mal gré, de scander le ballet infernal d'une tempête.

Le tonnerre gronde, sans écho, et bat la mer sourdement. Une
averse crépite sur le pont, semblable aux trombes de grêle, qui touchent et criblent le sol, en rebondissant. Les cordages, mouillés et
tendus, vibrent dans la rafale et sifflent une partie haute. Leurs
bouts chargés de nœuds, qui traînent un peu partout et flottent
sur les flancs du navire, prennent le branle du roulis et s'abattent en
marquant la mesure à coups secs et précipités. La charpente, enser-
rée dans un étau gigantesque, tourmentée par l'effort des courants,
craque aux assemblages et parait gémir. Les grandes vagues, sans
relâche, frappent et retentissent comme les maillets lourds d'une escouade de bûcherons. Brusquement une décharge éclate et roule
comme une batterie de mitrailleuses : la proue a plongé dans
l'abime ; à la poupe, l'hélice, soulevée dans le vide, centuplant sa
vitesse, a fouetté l'air de ses bras d'acier ; l'arbre de couche en est
ébranlé et le navire tremble ; puis l'hélice replonge, le mouvement
se ralentit et l'on entend les battements égaux de la machine, pareils
au soufle d'un monstre qui soulève ses larges flancs, qui respire et
reprend des forces, pour nous emporter, pour nous sauver.

Quelques notes plus sinistres que les grands tapages s'épandent
au hasard. Le navire a deux petites cloches ; par un temps calme,
celle de l'avant donne les signaux du quart ; l'autre, sur l'arrière,
invite joyeusement les passagers aux repas. De temps en temps, affo-
lées par les grandes secousses, ces deux cloches tintent d'elles-mêmes, avec de singuliers caprices de tons et de mesures. Nul glas
plus funèbre n'a jamais sonné sur une tombe. Tous ces bruits se
dispersent dans l'espace, meurent et se renouvellent. Plus bas, dans
les profondeurs du vaisseau, les chocs et les froissements imitent la
rumeur d'une foule. Des sons métalliques, des plaintes vagues, des
grincements détonnent et se confondent. Et cette musique vertigi-
neuse ondule, se déploie, baisse ou grandit, bourdonne dans les

oreilles et vous enveloppe de larges frissons. Rien ne saurait la traduire : ni les cymbales heurtées, ni les cuivres sonnant à nos lèvres étroites, ni les cordes vibrant sous l'archet, ni les combinaisons fantastiques d'instruments inconnus que Wagner a pu rêver dans un délire. Dans cet orchestre surhumain, chaque note correspond à une image que l'œil devine ; chaque partie a son caractère, presque une âme qui touche à votre âme. Au milieu du fracas qui épouvante, les bruits plus faibles qui rassurent, ceux qui révèlent une pensée, un effort de l'homme, ce grand audacieux jeté dans une lutte sublime : le sifflet qui commande une manœuvre ; des lambeaux de paroles ; et ces petits riens ridicules, moins que rien, la cadence d'un sabot : vous apprenez que des matelots veillent, marchent et pourvoient au danger.

Dieu me garde de passer pour un fanfaron de vaine bravoure ! J'ai songé d'abord, je l'avoue, non sans un sourire, aux trois ceintures de sauvetage que l'administration prévoyante avait mises sous ma main. A quoi bon prolonger son agonie ? Malheur au naufragé qui flotte affamé, altéré, rompu de fatigues et d'angoisses, dans le cahos infini de la pleine mer ! Mieux vaut s'adresser à Celui qui nous tient dans sa main ; mieux vaut, quoi qu'il advienne, se confier à Lui, et puis faire, du fond du cœur, un adieu, le dernier peut-être, à tous ceux qui nous sont chers et qui ne nous entendent pas. Chose étrange ! à ce moment critique, des paysages connus m'apparaissaient avec une netteté prodigieuse et d'infimes détails fixés par des souvenirs heureux. Je me rappelais aussi une description de tempête, écrite sur la foi des livres, et qui m'avait valu quelques éloges pour une composition de rhétorique. Cette rêverie de mes dix-sept ans était devenue une réalité palpable, plus grande que le rêve, et quelque peu effrayante. Toutefois je constatai sans peine que l'espérance fait toujours appel des jugements de la peur. C'est peut-être tout le secret du courage : nous sommes si faibles. Ces idées rapides m'ayant occupé quelques minutes, à coup sûr moins d'une heure, je me sentis singulièrement fortifié contre moi-même, capable d'oublier le monde, de me concentrer pour plonger dans la tempête, de l'analyser par petites pièces, de la braver et surtout de l'admirer. Ces combats du ciel, et de la mer, ce branle-bas du navire dans l'effroyable mêlée des vagues monstrueuses, c'est mieux que les détonations et la fumée de nos petites guerres ; c'est plus haut que notre taille.

Au point du jour, j'allai serrer la main de notre brave capitaine.

Il me salua de ces mots : « Vous pouvez dire maintenant que vous avez vu , que vous voyez une tempête. Je suis sans cesse en mer. Il faut que je remonte à trois ans pour retrouver le souvenir d'un temps pareil ; et de plus nous avons eu des accidents. »

En effet, la barre du gouvernail s'étant rompue, durant deux heures on ne gourvernait plus. Près d'une côte il eut été difficile d'éviter un naufrage. Ce n'était pas tout : on peut couler à pic en pleine mer. Le Caïd avait un énorme chargement de rails, posés en travers dans la câle. En dépit des précautions prises pour leur arrimage, quelques-unes de ces pièces s'étaient disjointes et battaient la carène en brèche. Un choc plus fort pouvait ouvrir une voie d'eau. Les vieux marins savaient tout. On en avait vu pleurer, songeant à leurs enfants. C'est en tremblant qu'ils avaient exécuté des manœuvres difficiles. Pour réparer la barre du gouvernail, il avait fallu monter sur la dunette, un plancher ras comme un ponton, que l'eau de mer rendait glissant. Une petite grille de fer lui sert de parapet. Ils étaient là quatorze, cramponnés à ces barres, frappés par des coups de mer dont la violence pouvait à chaque instant leur faire lâcher prise. Plus haut que leur tête, un canot, embarquant une lame, s'était rompu. Retenues par leurs attaches et balancées dans le vide, ses épaves énormes avaient justement frappé les parois de ma cabine, et, pendant une minute, en pleine nuit, je calculais au bruit la place que les eaux me semblaient devoir envahir. Cet accident fut évité. Les marins avaient coupé les cordes, en s'exposant aux mêmes chocs qui venaient de détruire cet ouvrage solide. Avec quel plaisir je revoyais ces braves. Tout ruisselants d'eau, debout, calmes, ils excitaient mon admiration. J'étais fier de pouvoir me tenir debout avec eux et comme eux. J'étais humilié de me sentir inutile. [1]

---

[1] Je dois à l'obligeance de M. Bassères, capitaine du Caïd, la copie du journal de bord. Ce document, rédigé avec la précision requise, vaut assurément beaucoup mieux que ma prose d'amateur. C'est pourquoi je le transcris.

« Le même jour (29 janvier) à 8 heures du soir — baromètre 0.747, — le vend passe au Sud-Ouest par un grain très violent, accompagné d'éclairs tout autour de l'horizon ; à 11 heures, le vent souffle en tempête. C'est à peine si le bateau en cape et à toute vapeur peut se maintenir debout à la

Au grand jour, la tempête n'était point finie. J'avais découvert sur le pont un abri contre les lames et je regardais avidement. La mer n'avait plus l'aspect de la veille. C'était une vaste plaine, d'un vert translucide, çà-et-là parsemée de *tumulus* géants. Point de liaisons entre ces grandes vagues qu'on voit surgir à l'improviste, grandir avec effort, rester un instant suspendues dans toute leur hauteur, puis se replier sur elles-mêmes, livrer leur crête au vent et se dissoudre. Plus rarement, deux vagues semblent courir à la rencontre l'une de l'autre et, soudain heurtées et confondues dans une masse énorme, elles apparaissent de très loin comme les points culminants d'un

lame. Sa fatigue est immense ; la mer le couvre parfois dans toute son étendue. L'équipage, tout sur le pont, est occupé à mettre des filières en travers pour permettre, avec moins de danger, de courir aux parties du pont où la circulation de l'eau le rend nécessaire. Le bateau, avec une marche de deux nœuds en moyenne, tient bien la cape. Malheureusement, à 4 heures du matin, une secousse si terrible est imprimée par un coup de mer, à la barre du gouvernail, que le drosse se rompt et rend la direction sinon impossible du moins d'une grande difficulté. En effet, instantanément, les palans sont mis en place, mais leur manœuvre est très périlleuse, car la mer, balayant la dunette à diverses reprises, me fait craindre la perte d'une partie de l'équipage. Entre temps, on s'occupe à monter le système à vis, travail rendu presque impraticable par les élancements de la barre franche, dont les palans se brisent plusieurs fois. Enfin à 6 h. 30, c'est-à-dire après deux heures d'efforts inouïs, nous parvenons à nous rendre maîtres de la situation et à reprendre notre allure de cape. Dans cet intervalle, une lame remplit le youyou et le brise en morceaux ; d'autres objets du bord sont enlevés par la violence du vent et de la mer et je suis heureux de constater que personne de l'équipage ni des passagers n'a été victime de ce coup de temps. A 9 heures du matin, le 30, le baromètre, après avoir atteint sa plus grande dépression (0.745 1\|2) fait un mouvement de hausse. En même temps les vents passent à l'Ouest et soufflent avec force, jusqu'à midi, etc. »

Le capitaine Bassères n'a oublié qu'une chose dans son rapport. Il n'a pas dit qu'il était resté debout sur le pont 60 heures sans désemparer, sans prendre une minute de repos. Je l'ai vu commandant la manœuvre avec le calme et le sang-froid le plus parfait, d'ailleurs admirablement secondé par son lieutenant, M. Garrigues, et par un équipage confiant en lui et discipliné : on garde bon souvenir des épreuves qui nous ont appris à discerner et à estimer des hommes.

groupe de montagnes. Quelques-unes se forment ainsi sous nos yeux, barrent notre route ou nous prennent de flanc. Leur choc est terrible. On s'y habitue ; car le navire a fait ses preuves. Toutefois, il fallait tenir compte des vents et de la houle et, c'est pourquoi, abandonnant la direction de Philippeville, on dut mettre le cap sur Bône, où nous avons abordé quatre jours après notre départ de Cette.

Entre français, la gaieté se mêle toujours au tragique. Le cuisinier du bord, un brave garçon, petit, replet, joufflu, monté sur des jambes un peu lourdes, avait mis son héroïsme à la hauteur des circonstances. Nous assistions, avec un intérêt justifié par notre appétit, à des luttes épiques du pot-au-feu contre les éléments. Vains efforts ! La friture se livre à des bonds incorrects, bientôt poursuivie dans les airs par les poëles rétives. Le pont se transforme en champ de bataille, où le beefteack vient mourir, où le fer-blanc se blesse et déserte. Notre Vatel effaré sacrifie les morts, tente de rattraper les fugitifs, et, trébuchant dans les sauces, roule à son tour, se relève, jure sans colère et retourne à la besogne. Trois fois il revient à la charge, trois fois il est vaincu. Son front ruisselle ; il est désespéré ; et pourtant, nous voyant rire, il rit quand même. Alors, le poing tendu vers la mer, solennel, il me confie cette admirable définition de la tempête, définition que j'ai hâte de transmettre à la postérité la plus reculée, définition que Panurge lui eut enviée si dans des occasions pareilles, il n'avait pas craint la mer naturellement :

« Oh ! Monsieur. Un temps à ne pas tenir une casserole sur le fourneau ! »

J'avais quelques droits de souhaiter pour le retour une mer calme. Une seconde fois, mes vœux devaient être exaucés : on ne saurait voyager plus commodément sur un fleuve. La Méditerranée, d'un bleu transparent, était à peine ridée. On voyait miroiter à la surface de petits sillons, aussi faibles, aussi réguliers que les treillis d'un ouvrage de vannerie. Le vaste sillage, que le vaisseau laissait à sa poupe, semblait un grand chemin semé de flocons de neige et de turquoises. La nuit, des serpents de feu glissaient dans ces remous et je ne me lassais pas de voir naître et s'éteindre ces gerbes lumineuses que produit un phénomène inexpliqué, la phosphorescence de la mer.

Fait par un temps favorable, le trajet d'Alger à Agen par Port-Vendres n'exige pas plus de 37 heures. C'est moins qu'il n'en fallait autrefois pour aller d'Agen à Béziers, à Pau ou à Limoges.